하느님의 시간, 인간의 시간

정미연 글·그림

하느님의 시간, 인간의 시간

2016년 1월 29일 교회 인가
2016년 3월 13일 초판 1쇄 펴냄
2016년 5월 10일 초판 2쇄 펴냄

지은이 · 정미연
펴낸이 · 염수정
펴낸곳 · 으뜸사랑
편집 겸 인쇄인 · 홍성학

본사 · 서울특별시 중구 중림로 27
지사 · 경기도 고양시 일산동구 노첨길 65
등록 · 1998. 5. 20. 제2-2568호
전자우편 · edit@catholicbook.kr
전화 · 1544-1886(대) / 02-6365-1888(영업국)
지로번호 · 3000997

ISBN 978-89-97158-94-2 03230

값 15,000원

인터넷 가톨릭서점 http://www.catholicbook.kr
직영 매장: 명동대성당 (02)776-3601, 3602/ FAX (02)776-1019
　　　　　가톨릭회관 (02)777-2521/ FAX (02)777-2520
　　　　　서초동성당 (02)313-1886
　　　　　서울성모병원 (02)2258-6439, (02)534-1886/ FAX (02)392-9252
　　　　　분당요한성당 (031)707-4106
　　　　　절두산 (02)3141-1886/ FAX (02)3141-1886
　　　　　미주지사 (323)734-3383/ FAX (323)734-3380

가톨릭의 모든 도서와 성물을 '인터넷 가톨릭서점'에서 만나 보실 수 있습니다.

성경 ⓒ 한국천주교중앙협의회, 2005

이 책은 저작권법에 의해 보호를 받는 저작물이므로 무단 전재와 무단 복제를 금합니다.

하느님의 시간, 인간의 시간

정미연 글·그림

하느님의 시간, 인간의 시간

하느님의 시간, 인간의 시간 · 6

1. 영혼을 울린
하늘의 선물

부꾸의 노래 · 12

내가 이 세상과 처음 만난 이야기 · 22

화살 기도의 힘 · 28

몸짓과 노래와 선이 하나가 되었다 · 32

고흐 무덤 가는 길 · 38

징가로 극단 · 43

바비와 타이론 · 52

그림으로 풀어 낸 육사의 詩
  - 한 개의 별을 노래하자 · 59

남편 이야기 · 66

2. 신앙 단상

바람이 만들어낸 이야기 · 74
소나기처럼 쏟아진 주님의 특은 · 78
루르드 성모님의 사랑 · 86
어머니의 사랑 · 90
사도 바오로의 길 · 94
그리스 수도원 화첩 기행의 추억 · 100

3. 담마 스토리

담마 스토리 · 106

4. 길 위의 이야기

아프리카 이야기 · 134
실크로드 이야기 · 152
인도 이야기 · 186

하느님의 시간,
　　인간의 시간

　　길이 있었다. 하느님께서 미약한 이 딸에게 펼쳐 놓으신 길이다. '예술의 천사와 씨름하는 야곱의 딸'이라는 거대한 제목을 감히 받고서 〈하느님의 시간, 인간의 시간〉의 전시는 무엇에 홀린 듯 향기 가득 남기고 지나갔다. 두 달 만에 이루어진 이 전시를 준비하는 내내 큰 분의 도우심이 함께하고 있음을 느꼈다.

　　가나인사아트 3개 층의 전시장을 극적으로 초대해 주신 일도, 그 짧은 시간 안에 그림이 완성되는 과정도, 가까운 이들의 도움도, 감격스런 평론 글도, 이육사 선생님의 시 화집이 만들어지는 과정도, 언론의 커다란 지면 할애도 모두 내 능력 밖의 축복이었다.

　　언젠가부터 저 밑바닥에서 밀려 올라오는 목소리가 있었다. 인간은 어디에서 비롯된 것일까? 도대체 나는 누구인가? 내가 진정으로 원하는 것은 무엇인가? 이 밑도 끝도 없는 의문 속 목소리를 따라 텅 빈 캔버스 앞에서 그림의 언어를 찾아본다.

　태곳적 인간에게 주신 땅의 웅위함 위에 시간을 주재하시는 창조주를 오마주 처리하였고, 하느님을 둘러싼 무한한 우주의 상징을 금분으로 한 점 한 점 정성껏 찍었다. 그분의 절대 권위와 불가침의 의복은 금박으로 휘장을 둘렀고, 예수님 시대를 예비한 삼위일체의 상징으로 검은 세 선을 펼쳐 놓았다. 이승과 저승을 연결하는 전령사 역할의 말, 알파와 오메가, 영원을 향한 절대자의 눈, 천국으로 가는 사다리, 하느님의 빛, 제물로 바쳐진 양, 천국의 열쇠, 피안으로 가는 배, 피할 수 없는 운명의 수레 바퀴, 천사들의 축복, 그 모든 것의 중심에는 하느님의 사랑이 있다는 메시지를 담았다.

　하늘 가득 퍼져 있는 허공과 수억 겁으로 이어져 온 시간으로 말미암아, 하느님의 뜻이 우리 모두에게 내재함을 나는 느낀다. 너무도 작아 보잘것없는 인간의 시간 위에 하느님의 시간이 포개어지는 순간, 삶은 신비로 가득하다. 생명의 비결은 영원을 알아 그 가운데 머무르는 것이다. 나의 범속한 나날 속에 하느님의 시간이 언뜻언뜻 스쳐 간 실크로드와 인도, 그리고 많은 이야기들을 그 길 위에 올려 본다.

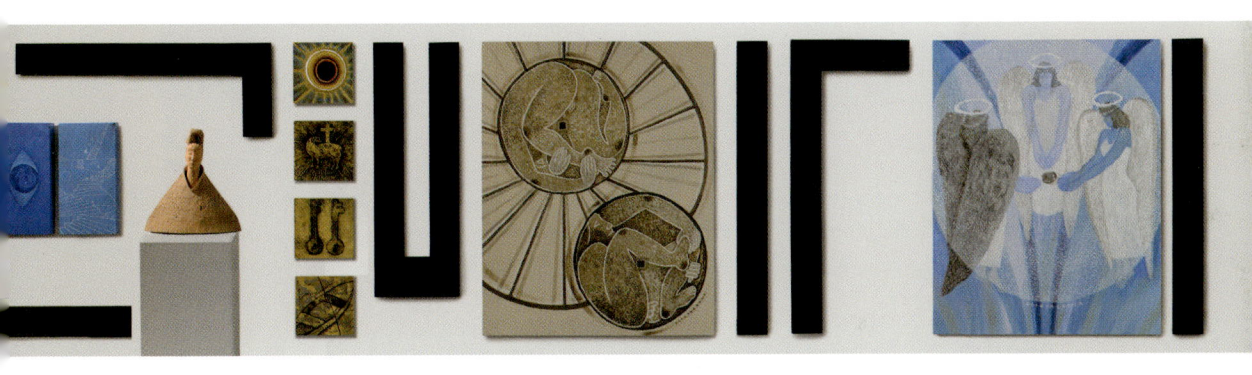

1.
영혼을 울린 하늘의 선물

부꾸의 노래

　　소리 너머의 소리를 듣고 빛 너머의 빛을 감지하는 존재가 나의 곁에 나타났다. 노란 눈의 블랙 홀을 지나 새로운 세계로 데려다 준 부엉이 이야기다. 부엉이와의 교감은 나를 영혼의 세계로 데려다 주었다.
　　어느 날 부엉이 한 쌍을 키우겠다며 남편은 정원 한 편에 집채만한 커다란 새장을 만든다. 나뭇가지로 만든 멋진 횃대도 걸었다. 한번 마음 먹으면 기어이 하고야 마는 남편을 말릴 도리가 없다. 어리둥절하는 사이 정원 풍경이 바뀌었다. 경주의 스님께서 키우신 부엉이는 새장의 커다란 구멍 사이를 자유롭게 다녔었다. 그 수리 부엉이 한 쌍이 이제 고속 버스를 타고 우리 집으로 이사를 온다. 자루에 다리가 묶인 채 커다란 박스에 들어 있다. "이 무슨 무례한 짓들이냐?" 하는 듯 부리로 탁탁 소리를 내며 경계심을 보인다.

20년 전 어느 날, 한 청년이 그림을 배우고 싶다고 나타났다. 조선 시대 도령 같은 모습으로 지난 시대에서 온 듯 이 사람은 눈망울이 유난히 깊고도 맑다. 이름조차도 H. 풀이하면 허허로운 마음이다. 이 맑은 사람의 이야기는 이렇게 시작된다.

그는 세상에 태어나면서 아버지와 지독한 악연이 시작됐다고 한다. 무슨 연유인지 아버지는 아이를 보기만 해도 화가 치솟아 손에 잡히는 것 무엇이든 아이에게 던진다. 그 도가 지나쳐 드디어 도끼를 던지는 사태에까지 가 버렸다. 너무 놀란 어머니는 아이의 손에 주먹밥을 쥐여 주고 해가 지면 몰래 들어오도록 했다. 영문도 모르는 아이는 숲으로 들어가 만나는 모든 동물들과 사귄다. 손바닥 위에 밥을 올려 놓으면 다람쥐도, 새들도, 노루도, 산토끼도 친구가 된다. 오랜 시간 숲 속 동물들과 친구가 되어 놀던 아이는 나무에 대해서도 야생화에 대해서도 박사가 되었다. 아이는 꽃들과, 새와, 나무와 함께 노느라 배고픔도 잊는다. 혼자서 습득한 공부, 헌책방을 뒤지며 읽지 않은 책이 없다. 자연의 섭리가 절로 깨쳐지고 해가 지는 하늘을 보고 있노라면 하늘이 그에게 시구절을 뿌려 주는 경지에까지 이른다. 마치 카비르의 선시를 보는 듯하다.

우리 집에 부엉이 한 쌍이 들어왔을 때는 이 청년과 한 집에서 식구처럼 지낼 때였다. 그 청년이 부엉이들을 새장 속에 넣었다. 부엉이는 영문 모를 이동에 화가 난 듯 계속 부리를 딱딱거린다. 그러나 청년의 손길에 순순히 따르는 모습에 놀라움을 금할 길이 없다. 밤에 보아도 엄청난 크기의 새들이다. 집 한 편에서 움직이는 커다란 두 마리의 생명체로 인해 갑자기 집 안의 기운이 돌아가던 방향을 바꾸어 움직이는 듯 비틀거린다. 알 수 없었던 미지의 세계가 성큼 집안으로 밀려 들어왔다.

서울 하늘에서도 대자연의 창공에서처럼 자연은 함께 이어져 있었다.
다음날 아침 용맹스러운 부엉이의 출현으로 인해 큰 사건이 일어난다. 평창동 일대의 까마귀와 까치 떼가 새까맣게 모여 새장 위에서 야단법석을 피우고 있었다. 100마리는 됨직하다. 생각하지 못했던 존재의 출현으로 결집력이 강한 까치와 까마귀들이 떼를 지어 나타난 것이다. 서울 도심에서 쉽게 볼 수 없는 진풍경이다. 아마도 부엉이들이 뿜어내는 기는 고압인가 보다. 저놈들이 한꺼번에 당겨져 올 수밖에 없는 센 전류인 것이다. "깍, 깍, 깍, 깍" 비상사태를 선포하듯 모이는 이놈들은 부엉이가 갇혀 있는 걸 확인하고서야 어쩔 수 없다는 듯 흩어진다. 우리들이 사는 이 도시도 자연의 일부임을 처음으로 진하게 느꼈다.

새로운 이 식구의 식생활을 위해 전용 냉동고도 들였다. 남편과 나는 부엉이를 위해 배낭을 메고 경동시장으로 가야 했다. 부엉이는 생닭의 대가리를 좋아하기 때문이다. 닭 머리를 이렇게 많이 사가는 경우는 개 장수가 아니면 없나 보다.

"개를 많이 키우시나 봐요?."
남편은 고개를 끄떡이며 닭 머리를 받는다. 양손에 가득, 어깨에 잔뜩,

닭 머리를 짊어진 우리는 개 장수 내외가 된다. 반나절이 걸려 닭 머리를 8개씩 비닐에 싸서 얼린다.

부엉이는 하루에 한 번 식사를 한다. 넓은 새장 안에서 커다란 날갯짓을 몇 차례 하고 나면 도사가 되어 꼼짝 않고 앉아 있다. 부엉이의 발은 내 주먹만하고 날카로운 발톱은 보기만 해도 무섭다. 나의 양팔을 펼친 넓이만큼 커다란 날갯짓을 하면, 과연 새들 중 왕이라 할 만하다. 밥을 주러 가면 그 큰 날개를 펄럭이며 사납게 낚아챈다. 기세에 눌려 나 또한 던지다시피 준다. 이 코믹한 관계를 보던 허허로운 이는 나를 타이른다.

"어떤 짐승이라도 마음의 문을 열고 조용히 기운을 보내면 반드시 교감하게 됩니더."

"저 큰 짐승하고 사람이요?"

"그럼요, 더구나 한 식구가 될낀데 이름도 지어주고 좋아한다는 기운을 보내면 진짜 식구가 될끼라예."

"정말인교?"

왜 진작 알지 못했을까? 이 고마운 허허로운 이는 자연의 일부가 된 아름다운 사람이다. 뼈아픈 외로움의 터널을 지난 이다.

"이 세상에는 아무리 크든 작든 쓸모 없는 것이란 하나도 없어예. 자연에서 보면 우리는 자연의 큰 그물망에서 하나의 그물코에 지나지 않습니더. 그리고 우리는 결코 자연과 분리될 수 없심더. 육체에만 장님과 귀머거리가 있는 기 아이고, 깨닫지 못하는 것에도 장님과 귀머거리가 있는기라요. 존재

의 실상을 누가 주재합니꺼?"

정성을 다하여 쉬면서 쉬지 않는 숨처럼, 언제나 깨어 있는 사람은 쉬지 않으면서 쉬는 숨이며 늘 괴로우면서도 제일 기쁜 것이다. 생명의 비결은 영원을 알아 그 가운데 드는 것이다. 놀라운 그의 말을 들으며 마치 은하수가 끝없이 펼쳐지는 듯했다. 부엉이와 다리를 놓아 주는 이 사람이 없었다면 껍데기만 있는 사이가 될 뻔 했다.

야행성인 이 녀석들 밤이 되면 목젖에서 솜털을 부풀리며 "부꾸~부꾸~" 노래한다. 그러면 평창동은 몇 세기를 거슬러 깊은 밤 가운데로 신비한 공간을 빚어낸다. 골짜기를 따라 퍼지는 낮고 묵직한 소리는 세상 고요를 넘어 무한의 세계가 있다고 이야기하는 듯하다. 순수한 고요가 나의 내면을 울리고, 먼 곳의 소리들이 부엉이의 노래를 타고 집안 가득 흘러넘친다. 나는 부엉이 이름을 '부꾸'라고 짓기로 했다.

깨어 있는 사람이 되고자 언제나 바라보는 창을 낸다. 부엌에는 부엉이와 마주 볼 수 있는 큰 창이 있다. 음식을 만들면서도
"부꾸야! 니들 정말 잘 생겼다. 겹겹이 수놓은 네 코트도 멋지고 노란 눈은 우예 그리도 신비하노? 그리고 니들은 새 중에 단연 왕이다. 그라고 진짜 점잖타. 사람인 내가 오히려 기가 죽으니 민망하네. 그래도 난 니가 좋다."
말 없는 애인에게 조르듯 계속 말을 걸었다. 밥을 줄 때도,
"맛있게 묵어라."

다정하게 널빤지 위로 디밀어 준다. 그런 날들이 지나간다. 드디어 신기한 일이 일어났다. 부꾸가 판자 위로 살포시 내려와 닭 머리를 입에 문다. 가만히 나를 쳐다본다. 그러고는 점잖게 횃대로 날아가는 것이다. 가까이에서 부꾸의 눈동자를 본 순간 빨려 들고 말았다. 눈동자는 온통 노랑의 블랙홀이다. 네 눈을 확대하면 또 다른 우주를 통과하는 그 길일 것 같다. 흡인력의 영혼을 가진 몸뚱이에 눈동자만 존재하듯 말려드는 주술에 걸린다. 영혼의 세계를 믿는 사람이라면 부엉이의 눈을 가까이에서 보게 되면 소름이 돋을 것이다. 이 눈맞춤을 시작으로 우리는 더 활발하게 교감을 하게 됐다.

어느 날 점잖기만 하던 부꾸가 긴장한 몸짓으로 비상할 태세를 한다. 왜 그러지? 하늘을 올려다본 나는 매를 본다. 부꾸의 강한 존재감이 매를 이리로 불러들인 것이다. 매도 부엉이의 존재를 알아내고 고정된 날갯짓으로 팽팽한 기가 한참 동안 오간다. 정착하려는 비행기의 공회전처럼 두 날개를 쫙 펼치고 창공 위를 커다란 원을 그리며 날고 있다. 매의 큰 날갯짓에 전율이 온다. 그를 대적하려는 부꾸 역시 엄청난 녀석인 거다. 감히 알 수 없는 그들의 교신을 엿본 것 같아 나는 가슴이 뛴다.

부엉이가 갇혀 있는 걸 눈치채고 매는 한 바퀴 빙 원을 돌더니 그제야 멀리 날아간다. 눈은 눈 자체를 보지 못하지만 다른 것을 봄으로써 눈이 있는 것을 알 수 있듯이, 하늘 위 이야기를 알지 못하는 나는 매의 출현으로 말미암아 부꾸의 존재가 얼마나 큰지 놀라고 있다. 부꾸는 소리 너머의 소리를 듣고 빛 너머의 빛을 감지하는 영혼의 새임에 틀림이 없다.

서울 한가운데서 일어나고 있는 창공 속 이야기다.

과묵한 부꾸와 정이 들어 가는 사이 두 녀석은 밤이면 사랑을 뜨겁게 나누었나 보다. 가까이 붙어 있는 둘 사이가 유난히 정겨워 보인다. 호들갑스런 애정 표현보다 더 묵직한 생명의 비결을 알고 있는 것이다. 겨울의 한가운데 흰 눈이 정원을 덮고 있다. 아무리 외투를 두껍게 입은 부꾸라 해도 추울까봐 자꾸만 마음이 쓰인다. 어느 때부턴가 암놈이 땅바닥에서 알을 품고 꼼짝도 않는다. 둥지를 틀고 미동도 않고 있는 뜨거운 모성애가 감동적이다. 꼼짝 않는 암놈에게 먹이를 물어다 주고 수놈은 나중에 먹는다. 새 생명을 탄생시키기까지 부엉이들의 긴 기다림의 시간을 지켜보며 어느덧 겨울이 지나간다.

그 당시 나는 여러 달을 뉴욕에서 머물게 됐다. 바쁘게 돌아가는 일상에서 무정하게도 부꾸를 생각할 겨를이 없었다. 평창동에 도착한 시간은 밤이었다. 새벽에 눈을 뜨자 부꾸와 새끼들이 궁금해 부엌 창 쪽으로 달려간다. 이젠 어미만큼 커 버린 새끼 세 마리와 어미, 아비 두 녀석이 횃대 위에 나란히 앉아 인사를 한다. 탄성을 지르며 남편을 부른다. 놀라 뛰어온 남편.

"한 번도 다섯 마리가 나란히 앉은 적이 없는데… 아마 당신이 늘 밥을 주고 하니까 이놈들이 새끼들한테 인사 시킬라꼬 나란히 앉아 있나 보네."

추운 날 꼼짝 않고 눈물겹게 알을 품고 있더니 이젠 새끼들이 자라 인사를 하다니 인간사나 동물사나 매한가지인 것 같다. 다시 부꾸 곁으로 돌아와 가득 찬 새장을 본다. 불편한 마음이 들기 시작한다. 잦은 싸움질까지 하는 녀석들을 보며 허허로운 이에게 전화를 한다.

"야들이 왜 이리 다투능교?"

"동물이라 아빠가 새끼 건드리는 걸 애미가 질투해서 저래 싸우는 겁니더."

"그라모 새끼와 애미를 같은 새장에 두면 안 되겠네요."

"새끼들이 완전히 성장하면 분가를 해야 되예."

훌쩍 커 버린 부꾸들을 보며 "이 일을 어떡하지?" 하며 남편과 머리를 맞댄다. 어느 날 남편은 기분 좋은 일로 만취가 되어 들어왔다.

"그래 너희들도 자유를 찾아 날아가 봐라. 신나게 함 살아 봐." 하며 새장 문을 열어 줘 버렸다. 다음날 창 밖을 보니 새끼 한 마리가 바위 위에 쓰러져 있다. 놀라 남편을 깨운다. 북한산 자락의 평창동에 살쾡이가 살고 있다는 놀라운 사실을 그제야 알게 된 거다. 정작 날아가라는 녀석들은 날아가지도 못하고 애꿎게 살쾡이 먹이만 되고 말았다.

부엉이의 속살은 잘 발달된 닭다리 근육처럼 기름기도 없고 붉다. 그 고기가 간질병 환자에게 좋다고 해서 혹시 그런 환자와 인연이 닿는다면 주기 위해 냉동실에 보관한다. 이제 반대로 뒤집어 말리는데 깃털 몇 개가 뽑힌다. 부꾸를 생각하며 가만히 볼로 깃털을 가져간다. 따뜻하다. 부꾸가 내 가슴속으로 들어온다. 그런데 놀랍게도 깃털에서 계속 열이 뿜어진다. 이 신기한 깃털 덕분에 부꾸는 그 추위에도 꼼짝 않고 알을 부화시켰나 보다. 부꾸와의 관계가 시간과 공간을 함께한 인연을 넘어 완전한 해체를 통해 더 깊이 이해된다. 분명히 존재하지만 명확하게 표현할 수 없었던 부꾸의 주술적 암호가 느낌으로 닿는 작은 인자에서 확대되어 전압을 흘려 보낸다. 이 기적적인 교류를 온몸에 새겨 넣음으로써 지울 수 없는 인장이 된다.

그 사건 이후 우리 부부는 부엉이를 원래 모습대로 살아갈 수 있도록 하는 방법을 찾는다. 한국조류협회에서는 야성을 길러 주는 훈련을 거쳐 자연스럽게 본향으로 부꾸를 보내 준다고 한다. 이제야 안심이 된다. 제대로 갈 길을 택해 준 것 같아 미안한 마음을 조금은 던다. 시원섭섭하지만 이렇게 우리는 이별을 한다. 휑하게 비어 버린 공간을 보며, 들어오는 식구보다 나간 자리가 더 애틋하니 오랜 시간 허전할 것이다. 그러나 이 시대를 살고 있는 사람 중에 누릴 수 없는 귀한 시간을 보낸 나는 어떤 동물과도 교감이 가능하다는 것을 깊이 체험했다.

어느 날, 무심히 본 뉴스 끝자락에 조련사의 어깨에 내려앉은 부엉이의 얼굴이 클로즈업된다. 한눈에 부꾸임을 알아본다. 부엉이 특집을 보면서 부엉이 얼굴이 모두 다른 것에 놀랐다. 개들의 모습처럼 말이다. 하느님은 오묘하셔서 짐승들의 모습에도 각각의 얼굴을 주셨다.

부꾸야! 인간이 어떤 동물과도 교감할 수 있다는 것을 너를 통해 알게 되어 고맙다.

내가 이 세상과
처음 만난 이야기

경주 남산 기슭에 눈이 조용히 쌓이고 있다. 바람도 왔다가 숨을 죽인다. 홀로 머무는 이 방의 공기는 희다 못해 푸르다. 정적 가운데 눈을 감고, 내가 이 세상과 처음 대면한 순간을 맞으러 떠난다. 필연의 고리로 찾아든 엄마의 자궁 속에서부터 나의 이야기가 시작된다.

내 둥지는 따뜻하다. 그런데 어머니께서는 항상 바삐 움직이신다. 알고 보니 23명이나 되는 대식구를 돌보느라 조그만 체구를 잠시도 쉴 틈이 없으시다. 마흔이 넘은 나이에 임신이 된 것을 알고 며느리 보기가 부끄러워 이 사실을 숨기고 싶어 하신다. 결국 나는 기쁘게 잉태된 아이가 아닌가 보다. 그때, 엄마와 같은 연세이신 큰고모도 막내를 임신했다. 두 분은 어이없게도 스님을 찾아가 민망스럽게 들어선 이 아기를 어떻게 해야 할까? 하고 의논을

드린다. 스님께서는 이 막둥이들이 제일 효도하고 잘살 사주이니, 걱정하지 말고 낳아 키우라며 돌려보내셨다. 어떻게 수도하시는 스님을 찾아가 애기를 지우고 싶다고 상담할 수 있단 말인가? 그 순간 나는 엄마 배 속에서 살고자 하는 불타는 의지를 태웠다. 그래서 내겐 모진 구석이 있나 보다. 나를 만든 요소 가운데 이 순간이 가장 튼튼한 기초를 만들어 준 것은 아닐까? 강하고 힘든 조건을 고루 갖고 있는 남편을 스스로 선택한 일도 결코 우연이 아님이 확연하게 다가온다. 태중의 작은 일이 한 생애에 커다란 영향을 미친다는 사실이 오늘 새삼 가슴에 와 닿는다. 약간 삐쳐 있는 나는 왜 하필 이 여인의 자궁이며, 이 아버지와의 인연일까? 인연의 끈을 노려본다. 이 황석부라는 여인의 따뜻한 심성이 좋고, 섬세하고 여린 마음도 좋다. 전형적인 한국 어머니들처럼 모성이 강하고 희생하시는 모습 또한 좋다. 이 다음에 무섭게도 똑같은 엄마의 모습 때문에 몸서리치게 될 것을 알기나 하는지.

그렇다면 아버지의 어떤 요소가 나를 만들고 있나? 정 많고 소탈하고 예술적 기질이 농후하고 한량이고 허세와 뻥이 세고 놀기 좋아하시는 아버지. 두 인자가 골고루 녹아 있는 한 생명체가 꼼실거리며 엄마의 자궁에서 자라고 있다.

"엄마! 나 이제 이 속이 갑갑해!"

툭툭! 엄마의 배를 친다. 이제는 세상 구경을 할 때가 가까워졌나 보다. 지구라는 별, 한국, 대구, 동인동, 2층 적산 가옥에서 7월 26일 무더운 여름 저녁 7시다. 중간에 유산된 두 아이까지 합해 10번째 아기를 분만하는 엄마의 자궁은 익숙한 몸짓으로 조그만 아이를 세상으로 내보낸다. 터져 나온 양수와 함께 양쪽 어깻죽지를 틀며 "응애" 하고 고함을 지른다. 미끈거리는 액체를 닦고, 탯줄을 자르고 엄마 품에 안겨 뿌옇게 보이는 엄마를 보려 애를 쓴다. 할아버지, 할머니, 아버지, 언니, 오빠 모두 막내를 들여다본다.

"아이고! 쪼끔하다."

"고녀석 아이노꾸처럼(혼혈아처럼) 오똑하게도 생겼네."

세상에 태어나 처음 들어보는 음성이다. 드디어 내가 세상으로 나왔다. 엄마 얼굴을 많이 닮은 나는 어릴 때 튀기 같다는 소리를 자주 들었다. 1955년에는 이승만 대통령께서 국민 후생 주택 시찰을 하시고, 월남해 귀순한 용사들이 들어온다. 학생들이 반공 궐기대회를 열고 미터제도 실시된다. 또한 일본 용공정책 분쇄를 위한 국민대회도 열린다. 전쟁 후 가난한 나라에서 잘살아 보기 위해 몸부림 치는 시기이다. 그리고 유엔군 총사령관에 맥아더 장군이 임명되고 미국과는 잉여 농산물 협정을 맺게 된다.

1955년은 양띠 해다.

온순하고 부지런한 양. 신성한 제사 의식에 바쳐지는 동물이며, 땅의 기운에 해당하는 동물이다. 온순함 속에 끈기와 열정이 있으며, 평소 부드럽고 남들에게 다정다감하나, 가끔 감정 변화의 기질이 있다고 한다.

어머니는 바쁜 일상에서도 시간을 쪼개어 절에 간다. 목탁 소리가 언제 들어도 편안한 것은 태중에 있을 때 들었기 때문일 것이다. 어느 날 갑작스러운 오빠의 죽음으로 말미암아 어머니는 불교에서 가톨릭으로 개종한다.

그러나 독실한 신앙인의 모습은 똑같을 것이다. 나의 영적 생활 가운데 엄마의 신앙이 차지하는 부분은 지대하다. 그리고 화가로서 밑바닥에서 끓어오르는 열정과 끼는 아버지의 모습을 떠올리지 않을 수 없다. 많은 식구들 속에서 인간이 어떻게 조화를 이루며 살아가야 하는지 형제들의 모습이 나타난다. 자의식을 관찰하는 또 다른 눈이 살아난다. 이러한 날줄과 씨줄로 엮인 나의 작은 역사를 바라보며, 나에게 주어진 것이 너무도 많음을 하느님께 감사드린다.

"모든 사람 안에는 커다란 다이아몬드가 있다고 합니다. 수천 개의 면이 찬란히 빛나는 다이아몬드를 지닌 사람들의 유일한 차이는 깨끗하게 닦인 면의 수라고 합니다. 어떤 이는 많은 면을 닦아 밝게 빛나고, 어떤 이는 몇 개밖에 닦지 않아 초라하게 빛을 냅니다. 모든 면이 깨끗이 닦여 빛의 스펙트럼을 발하게 되면 그 순수한 에너지는 빛의 무지개 속에 존재합니다. 이 세상 모든 다이아몬드는 완벽합니다."

화살 기도의 힘

따뜻하고 아늑하다.

「그리스 수도원 화첩 기행」의 출판 기념 전시회를 성바오로수도회 수사님들과 준비한다. 평창동 가나화랑의 야외 공연장이 구월의 낭만을 마음껏 누리게 할 것 같다는 예감을 들게 한다.

수사님들과 머리를 맞댄다. 종파를 초월한 수도자들의 음악회를 연다면 책의 성격과도 잘 어울릴 것 같다. 갑작스런 계획으로 우리는 들떴다.

먼저 이 책과 인연이 깊은 그리스 정교회의 소티리오스 대주교님께 의논을 드린다. 그리스 정교회 측에서는 암브로시오 대주교님께서 외국어대 그리스 학과 학생들과 그리스어로 노래를, 외국어대 Iro Kasotaki 교수의 시 낭송도 함께 곁들여 주신다. 그리고 가톨릭에서는 이콘연구소장 장긍선 신

부님의 축사와 나와 인연이 깊은 바오로딸 수녀님들이 합창으로 '살베 레지나'와 'You are mine'을, 또한 성바오로수도회에서는 성바오로출판사 사장 신부님의 축사와 신재상 수사님의 성무일도를, 불교를 대표해서는 남편과 인연이 깊은 원택 스님의 축사와 조월 스님의 비천금 연주를, 그 끝에 첼로 연주자의 낮고 깊은 선율을 배경으로 한국을 대표하는 연극인 박정자 님의 시 낭송까지.

예상치도 않게 한 편의 연주회가 멋지게 기획되었다. 앰프를 조율하고 오실 분들을 섬세하게 체크하며, 하느님을 기쁘게 할 시간들을 떠올리며 동분서주한다.

드디어 그 시간이다. 야외 공연장으로 사람들이 속속 몰려든다. 그리스 대사님까지 오셨다. 기대 이상으로 객석이 꽉 차고 가을의 풍요로운 기운이 합하여 열기로 가득하다. 순수하게 시작된 일에 주님의 손길이 함께하심을 느낀다.

그런데 갑자기 이 모든 일의 구심점이 나라는 생각에 겁이 덜컥 났다. 하느님을 기쁘게 해 드리겠다는 일념으로 아이처럼 뛰어다녔는데 인사말을 해야 한다는 것에 생각이 미치자 머릿속이 하얘진다. 한 번도 무대 위에서 이야기를 한 적이 없는 나는 침이 마르고 내 손에서는 묵주알만 열심히 돌아간다.

마침 진행하시는 신부님께서 내 인사 부분을 빠뜨리고 다음 노래를 안내하신다. 살았다! 안도의 순간도 잠시, 내 차례가 되었다.

무대 위에 선다. 그 많은 눈동자가 쏘아대는 화살에 맞아 다리의 힘이 쏙 빠지며 주저앉을 것 같다. 그냥 가만히 서 있는다. 그러다 나는 하늘에 대고 화살 기도를 있는 힘을 다해 쏘았다.

"살려 주세요! 주님, 이건 아니잖아요! 당신 입시울이 되도록 해 줘요."

그때 금빛 실루엣의 얇은 막이 무대를 감싸며 작은 방에 혼자인 것 같은 기운으로 아늑하다. 봉쇄 수도원으로 향하던 크레타 섬의 태곳적 풍광에 홀리어 나의 오감이 흥분하던 그때의 순간이 된다. 처음 여행에서 돌아와 따끈한 체험을 이야기하던 들뜬 아이의 모습이다.

나는 내가 아니었다. 따뜻하고 아늑했던 그 공간은 분명 화살 기도의 힘이었다.

하느님 당신의 선물은 최고예요!

몸짓과 노래와 선이
하나가 되었다

　켜켜이 쌓여가는 스케치북의 크로키들이 어느 때부턴가 틀을 벗어나지 못하고 한 곳을 맴돌고 있다는 생각이 들 때였다. 그날도 지하 스튜디오에서 내가 좋아하는 모델이 평소처럼 포즈를 취한다. 모두들 관성의 법칙처럼 모델의 움직임에 타성에 젖은 손놀림을 하고 있다.
　익숙한 공기 속 흐름을 정지시키는 하 원장. 그림을 그리고 있는 선생님들께 양해를 구한다. 구석으로 데려간 모델에게 놀라운 기세로 가슴을 두드리며 화살 같은 말들을 퍼붓는다. 고개를 떨구던 모델의 얼굴이 빨갛게 상기되고 뭔가 두 사람 사이에 합일점을 찾은 듯 본래의 모습으로 돌아왔다. 선생님들께 죄송하다며 매너리즘에 빠진 모델의 가슴에 불을 댕겼단다.
　우리들에게 기분 전환을 위한 약간의 알코올이 필요하다면 한 방울씩

드시는 것도 좋겠다고 제의한다. 가라앉은 분위기를 일거에 뒤집은 하 원장의 기세에 눌려 모두들 한 잔씩 들이킨다. 비장한 몸짓으로 모델이 자리에 서자 짜릿하고 농익은 스페인 집시 음악이 스피커가 터질 듯 흘러나오기 시작한다. 가슴에 담아 두었던 수많은 이야기들이 그녀의 몸짓으로 피어오른다. 음악과 한 살이 되어 무의식을 건드린 이 순간의 스파크는 화가들의 가슴을 감전시키기에 충분했다.

이어지는 율동을 따라 종이 위의 선은 같은 리듬을 탄다. 그림이 되지 않아도 무슨 상관이랴! 흐름이 가는 대로 무위의 선들이 함께 춤을 춘다. 잘 그려 보겠다는 의지도, 닮게 그리겠다는 의지도, 뭔가를 성취하려는 의지도 사라져 버린 무의식의 손놀림. 그림 위에서 해방감을 맛보고 있다. 몸짓과 음악과 그림이 하나가 되었다. 시간은 어떻게 흘러가 버렸는지 한 모델의 타임이 끝나 버렸다.

다음 차례의 모델에게도 하 원장은 같은 주술을 뿌려 두 모델이 함께하는 포즈를 우리에게 선물한다. 듀오로 만들어내는 선들은 지금과는 또 다른 색을 뿜어낸다. 분위기가 점점 무르익어 갈 때 한 모델의 눈에서 눈물이 흐르고, 몸으로 풀어내는 치유의 시간 속에 우리 모두도 눈물이 고인다.

아! 예술은 또 다른 기도이기도 하다. 하느님이 만드신 아름다운 몸에서 기쁨과 슬픔이, 분노와 애잔함이, 성스러움과 속됨이 이토록 뿜어져 나오다니!

하 원장 자신이 모델이기도 했고 크로키 모임에 대한 애정이 누구보다 강한 그녀이기에 이 모든 것에 충분한 교량 역할을 한 것이다.

크로키를 통해 카타르시스를 맛 본 나는 거리로 나왔다. 카페에 앉아 있는 여인에게서도, 누군가를 기다리는 사람에게서도, 데이트하는 남녀에게서도 선이 보인다. 메말라 있던 감성에 촉촉한 단비가 내려 여기저기서 꽃들이 피어나고 있는 것 같았다. 잠자는 육신을 영혼이 흔들어 만들어낸 꽃다발이 하늘에서 눈송이처럼 내려온다.

하느님! 당신이 내려 주시는 선물은 끝이 없습니다.

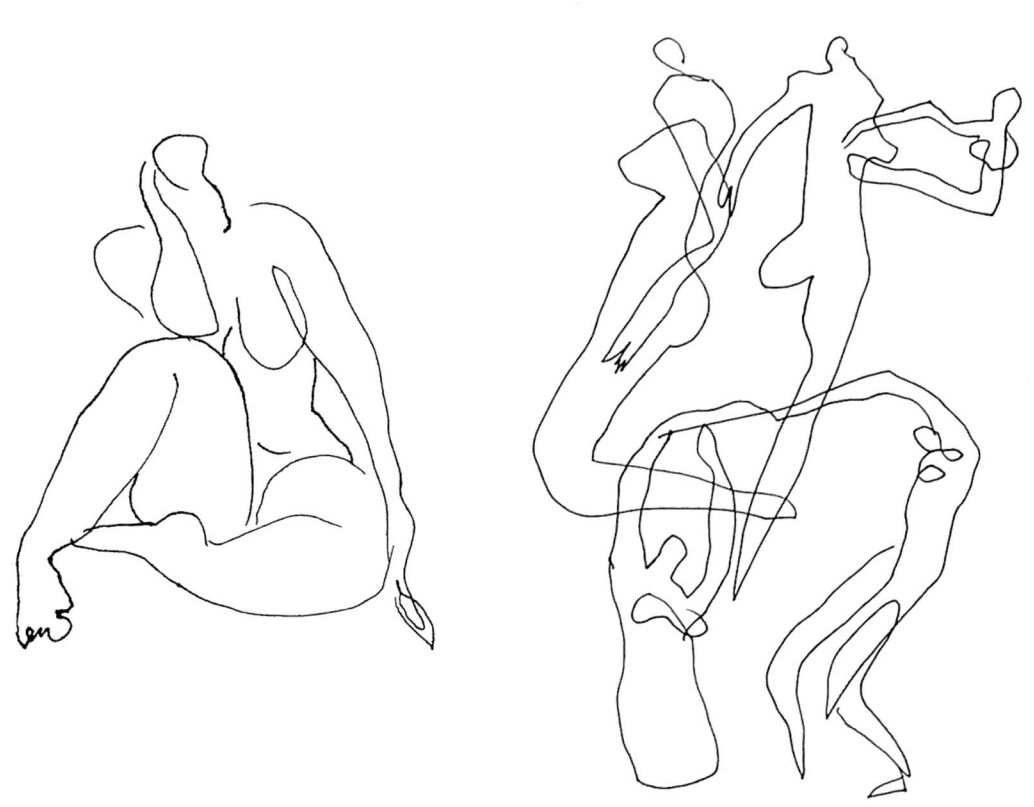

고흐 무덤
가는 길

답답한 현실에서 벗어나 하늘처럼 탁 트인 마음으로 자유를 누리는 이여! 보이지 않는 곳에서 비추는 빛을 따르는 이여! 강력한 힘에 끌려 까마득하게 높은 상공으로 비상하소서.

친구가 파리에 살고 있을 때 그림 그리는 내가 꼭 와야 한다며 초청을 했다. 친구 남편인 손 관장께서 데레사에게 꼭 보여 줘야 할 곳이 있다며 휴일 봉사를 한다. 도대체 어디를 가는 거지? 파리의 2월. 날씨는 아직 쌀쌀하다. 친구의 두꺼운 주황색 스웨터를 빌려 입고 호기심 가득 찬 마음으로 길을 나선다. 파리 외곽의 쓸쓸한 가로수 길을 따라 오베르에 도착했다. 캠퍼스를 지고, 화구를 든 고흐가 막 들판을 향해 나서려는 듯한 조각이 서 있다. 아! 동경하던 고흐의 무덤으로 가는 길이구나. 기쁨은 두 배가 되고 흥분된 마음으로 동상의 고흐를 올려다본다. 마음속으로 그려 보던 고흐보다 키가 더 큰 느낌이다. 그러나 열정적으로 수많은 작품을 남긴 고흐의 이미지는 잘 표현되어 있다. 그 당시 시청은 그대로 남아 있고, 고흐가 그린 시청 그림이 인쇄되어 같은 각도에서 볼 수 있도록 놓여 있다. 그리고 길 건너편엔 고흐가 작업실로 썼던 집이 텅 빈 채로 남아 있다. 부서질 듯한 건물인데도 역사적 현장을 그대로 남겨 놓았다.

언덕 길이 시작된다. 캠퍼스를 들고 들판을 향해 외로운 발걸음을 떼는 고흐를 생각하며 걷는다. 그때, 일본 학생인 듯한 청년이 키보다 훨씬 큰 배낭을 메고, 한 손에는 큼직한 꽃다발을 들고 성큼성큼 올라간다. 머리통을 한 대 맞은 것 같다. 문화의 깊이가 느껴지는 순간이다. 큰 어른을 보러 가는 길에 저 정도 성의는 있어야 하지. 더구나 여행 중에 꽃을 마련하는 일은 쉬운 일이 아니었을 텐데. 감동적인 순간이었다. 부끄러운 마음을 안고 언덕을 오른다. 쓰러져 가는 시골 집을 검정색으로 뿌리고, 설치 작업으로 까마귀 떼가 지붕 위로 나는 형상을 강하게 나타냈다. 한 눈에 봐도 까마귀가 나는 밀밭을 재현한 것이다. 이승과 저승, 기쁨과 절망, 초월을 향한 처절한 소망을 갈구하는 고흐의 영혼을 느낄 수 있도록 잘 표현했다. 이 설치 작업 하나로 고흐 이미지 전체가 강렬하게 박힌다. 잘 보존된 생가나 화실 역시 의미 깊지만 이렇게 현재 살고 있는 작가들에 의해 다시 고흐의 정신이 살아나는 작품도 무척 흥미롭다.

돌아서는 길목에 해바라기 밭을 그린 그림이 놓여 있다. 지금은 해바라기를 볼 수 없지만 넓은 벌판 위로 고흐가 그려낸 질박한 느낌의 해바라기들이 햇빛을 받고 찬란하게 흔들리는 듯하다. 한 작가의 삶이 살아 숨쉬는 공간과 공간에서 무덤까지 이어지는 스토리 텔링을 착상한 프랑스인들에게 갈채를 보낸다.

언덕 맞은편에 오래된 교회가 있다. 곰삭은 세월의 향기가 녹아 있는 오베르의 교회가 순수하고 충직한 영혼을 가진 고흐의 시선으로 다시 태어난다. 언젠가 고흐의 거의 모든 작품이 소장된 암스테르담의 반 고흐 미술관에서 직접 보게 된 고흐의 그림들은 감동 그 자체였다. 책에서 보았던 색과는 비교할 수 없는 신비롭고도 깊은 색감의 디테일은 색채의 마술사답게 조화롭지 않은 것이 없고, 익어 있지 않은 것이 없었다. 그래서 우리는 그림을 직접 볼 때 느끼는 생동감을 갖기 위해 멀리까지 여행을 하는 것이다. 왜 그렇게 경매에서 최고 값이 매겨질 수밖에 없는지 원화를 보고 나니 알 것 같다.

드디어 공동묘지가 나타난다. 묘지 가장자리에 동생 테오와 고흐의 무덤이 나란히 있다. 그런데 놀라운 일이 기다리고 있다. 한눈에 봐도 일본 중년 여성이다. 강한 얼굴의 이미지로 봐서 화가가 틀림없다. 돗자리를 펴 놓고 간단한 제사를 올린 듯하다. 약간의 술기운도 있다. 주위의 시선에는 관심도 없다. 고흐와 테오에게 술을 한 잔씩 올린다. 교감을 나누느라 미동도 하지 않고 바라보고 있다. 라이터로 담뱃불을 붙인다. 그리고 고흐의 무덤에 올려놓는다. 남의 시선은 아랑곳하지 않고, 연인의 무덤을 찾은 듯 깊숙한 만남을 하고 있다.

그녀가 고흐와 소중한 시간을 보내는 동안, 나는 동생 테오를 만난다. 고흐라는 큰 새는 필연의 당신이 있었기에 비로소 날아오를 수 있었다오. 수없이 오고간 두 분의 편지를 보면서 당신의 큰 사랑에 감격합니다. 나는 고흐 무덤에서 마음으로부터 큰 어른의 기운을 느껴보고 싶었다.

"당신처럼 아름다운 사람에게는 이 세상은 아무 의미가 없었어요."라고 노래하는 빈센트의 가사를 떠올리며 그 자리에 머물렀다. 이 지구상에 별이 빛나는 밤을 그토록 아름답게 표현한 사람이 또 있을까? 우주의 비밀을 쏟아 놓은 듯, 달과 별의 즐거운 운행을 순수한 영혼을 가진 고흐가 아니면 누구도 그렇게 표현하지 못하리라.

당신은 철저하게 실패한 인생이라고 절망했습니다. 그러나 항상 초월을 향한 당신의 영혼은 그림마다 배어 나옵니다. 살아생전에 제대로 그림 한 점 팔지 못했지만, 이제는 세계에서 가장 사랑 받는 작품이 바로 당신의 그림입니다.

"내 그림이 팔리지 않는 것은 나도 어쩔 수 없다. 하지만 언젠가는 사람들이 내 그림의 가치를 깨닫는 날이 오게 될 것이다. 내 그림이 돈으로 따질 수 있는 것보다 훨씬 더 많은 가치를 가지고 있다는 사실을!"

무한을 향한 동경으로 가득 찬 당신의 두 눈은 그림 속에서 영원히 빛날 것입니다. 인간의 시간에 초점을 맞추지 않은 당신은 영원한 시간 속에 살아 있습니다.

징가로 극단

자유와 초월을 향해 달리는 말들. 비상하는 재주를 지녔다고 할지라도 인간의 손길이 포개어져야 비로소 날아오른다. 하늘로 날아오른 신비의 말들은 이미 지상의 부질없는 헛개비를 창공에다 뿌려 버렸다. 하루하루를 지성껏 살면 우리들 무상한 인생이 비상하는 생명이 된다.

미술 잡지를 보다가 달리는 말 위에서 인간이 한 몸이 되어 서 있는 사진이 눈길을 끈다. 말과 함께하는 징가로 극단의 포스터다. 뭔가 예사롭지 않을 것 같은 예감이 스쳐 간다. 가는 눈발이 날리는 이른 봄. 쌀쌀한 날씨에도 불구하고 공연을 볼 부푼 기대로 마음은 훈훈하다. 이 극단은 매년 한 나라를 지정해 그 나라의 문화를 그들 식으로 소화해 보여 준다. 이번 공연은 한국이다. 프랑스인들이 한국 문화를 어떻게 풀어낼지 몹시 궁금하다.

징가로 극단의 외관은 마치 유랑극단 같다. 마당에는 대형 버스 두 대가 놓여 있다. 그곳은 단원들의 생활터인 듯 옷들도 걸려 있고, 부엌 가재 도구들도 보인다.

큰 막사로 들어가면 관객들이 지나는 중앙 통로 아래 양쪽으로 마구간이 있다. 통로는 마구간의 말들을 가까이에서 구경하도록 설계했다. 놀라운 것은 이토록 다양한 색깔의 말들이 세상에 존재한다는 것이다. 검정색 흑마, 눈부신 백마, 환상적인 은빛의 말, 얼룩덜룩한 얼룩말, 동그란 점박이 말, 잿빛 색 말, 짙은 갈색, 옅은 갈색. 크기도 다양하다. 형태나 색이 조금 모자란 듯한 말에게는 말 갈퀴에다 솜씨를 피웠다. 땋기도 하고, 염색도 하고, 여러 모양으로 커트도 한다. 갖은 재주를 부려 예술로 승격시켰다. 말의 분뇨 냄새와 히힝거리는 콧방귀, 꼬리의 분방한 놀림, 그곳을 지나는 동안 말들의 체취를 강하게 맡는다. 현실에서 말을 쉽게 만날 수 없는 우리들은 이곳을 지나면서 말들에 자력에 이미 끌려들었다.

그곳을 지나면 본 공연장이 나타난다. 둥그런 무대에는 모래가 덮여 있다. 객석은 계단 형태로 스타디움처럼 둥글게 만들어져 있다. 호기심 만발한 발걸음으로 우리는 좌석을 찾아간다.

어둠이 우리를 짓누른다. 완벽한 어둠 속에 관객들을 가두어 놓고, 적막의 시간이 흐른다. 고요 속에서 숨소리만 들린다. 실가닥 같은 불빛이 무대의 가운데로 내려온다. 웃통을 벗은 흑인의 몸이 서서히 나타난다. 무대 전체를 덮은 거대한 검정색 원형 치마를 입은 흑인이 강렬한 포즈로 조금씩 움직일 때, 검정색 천도 천천히 따라서 움직인다. 그 사이로 흰 모래가 보인다. 굉장한 스케일이다.

숨 죽이며 중앙을 바라본다. 그때, 절규하듯 쏟아내는 여자 명창의 가락이 무용수의 몸짓 위로 포개어진다. 단지

"으으윽~~ 으으 으으윽으으으~~~~"

가락만이 공간을 찢으며 흐느낀다. 온 몸이 악기통이 되어 영혼을 울리는 저 목소리는 어디서 왔나? 하얀 한복을 차려입은 명창은 부채 하나를 들고 객석 반대편 무대 위에 단아하게 서서 소리를 쏟아낸다. 이 소리는 지극히 현대적이고 전위적이기까지 하다. 복잡한 것을 단색 하나로 표현할 때 더 강한 느낌이랄까? 어쨌든 전율로 공연을 연다.

근육질의 몸이 씰룩일 때마다 가슴을 저며오는 이 가락은 짓밟힌 우리 민족의 한을 풀어내듯 허공으로 갈갈이 찢어진다. 거대한 검정색 치마가 흑인 무용수의 몸을 휘감고, 무대를 천천히 걸어낸다. 정중동에서 정의 시간이었다. 급변하는 공기의 흐름이 떨림으로 퍼진다.

"두두둥 둥둥둥두두!! 둥둥두둥!"

거대한 대북 소리가 전 객석을 흔든다. 이렇게 큰 북이 우리나라에 있었나? 맞은편 무대에서 가득 찬 공간감으로 객석을 제압하는 대북이 놓여 있다. 연주자는 북과 한 몸이 되어 온갖 기교를 부린다. 막대기로 북을 치기도 하고, 북을 따라 온 몸을 돌리기도 하고, 손이 보이지 않게 빠른 템포로 울리기도 하고, 심장이 터질 듯 격렬하기도 하다.

이 북 소리는 한을 넘어선 우리 민족의 기개를 만방에 펼치는 듯하다. 북소리 하나로 관객을 꼼짝 못하게 사로잡는 연주자의 열정은 점점 증폭되어 간다.

관객 모두를 절정으로 몰고 간다.

한 악기만으로 카타르시스를 하는 이 놀라운 연주자의 솜씨는 큰 북을 터뜨려 버릴 것 같다. 우레와 같은 박수가 연주자에게 쏟아지고 후끈 달아오른 무대 위로 검은 빛이 짙다 못해 뛰쳐나올 것 같은 흑마가 등장한다. 흰 옷에 삼각 고깔을 쓴 무용수. 말과 한 몸이 되어 모래 위를 달린다. 드디어 포스터에서 본 장면이 나타났다.

북소리에다 말 등에서 배 밑으로 자석이 붙은 듯 도는 무용수. 튕겨 나온 모래는 객석에 휘날리고, 코에서 뿜어내는 흑마의 열기는 관객들 얼굴을 스쳐 지나간다. 공중에서 한 바퀴 돈 무용수와 한 호흡이 되는 흑마의 자태. 눈이 시원하다. 활짝 열린 마음속으로 검디 검은 흑마가 들어왔다.

격렬했던 그 공간과 공간 사이에 층이 나타난다. 그 층 사이로 스며 나오는 대금 소리는 폐부를 깊숙이 파고들며 격렬했던 공간을 지그시 누른다. 한 악기의 소리만으로 그 큰 공간의 기운을 순식간에 잠재울 수 있다니. 우리의 악기가 영혼을 흔드는 명기임을 확인하는 순간이다. 절절한 소리를 뿜으며 소리의 향연은 관객의 마음을 떡 주무르는 듯 마음대로 끌고 다닌다. 승무가 현대의 옷을 입고 나타났다.

손 끝에 작대기를 잡아 소맷자락을 더 길게 늘였다. 오른쪽 소맷자락이 왼쪽 발로 반원을 만들고, 왼쪽 소매 끝은 오른쪽 발로 반원을 만든다. 머리에는 하얀 고깔을 고이 접어 씌웠다. 휘어져 감기고, 다시 접어 풀어내는 승무. 한 사람은 흰 옷으로, 또 한 사람은 검은 옷으로, 그리고 말은 은빛이다.

격조 있는 색과 대금 소리가 어우러져 신비하고 몽환적인 승무를 만들어낸다. 느린 음악에 맞추는 말들의 센스에 감탄한다. 얼마나 많은 시간을 함께 훈련했으면 저토록 하나 되는 무용을 만들어낼까? 말이 이승과 저승을 이어주는 전령의 상징이라더니, 달리기만 하는 것이 아니라 이렇게까지 예민한 감성을 표현할 수 있는 영의 동물인가 보다. 이미 들어오는 길의 마구간에서 우리는 말의 자력에 넘어갔다.

단순하게 표현된 의상 또한 절제미를 더욱 격상시키고 있다. 전통의 계승이란, 이런 시각에서 풀어내야 하지 않을까. 그대로 전수되는 전통 예술과 현대에 맞추어 새롭게 발전시키는 형태가 공존할 때, 우리의 문화는 더 찬란하게 꽃필 것이다. 그리고 정중동을 깊이 소화해내는 저들은 우리 무용의 정수를 정확히 들여다보았다.

겨울에서 봄이 오고 있다. 만물이 회생하는 언 땅을 녹이는 아쟁 소리가 경쾌하게 퍼져 나온다. 조랑말 네 마리가 깍둑깍둑 꺾어지는 발 놀림을 하며 등장한다. 네 마리가 한 마리인 듯 똑같이 리듬을 탄다. 귀여운 복장을 한 무용수들이 말들과 함께 동심의 세계를 풀어놓는다. 말들의 기교가 놀랍다. 아쟁 소리와 잘 맞게 소화된 춤사위는 달구어진 무대에서 음악과 무용이 하나가 되는 것이다.

장면이 바뀔 때마다 관객들의 박수갈채는 공연장을 달군다. 또다시 뜨거운 열기를 타고 거문고의 굵은 가락이 퍼져 나온다. 늦은 봄으로 가고 있나? 백마 위로 선비 옷차림의 무용수가 나타난다. 갓을 쓰고 도포 자락을 휘날리는 선비는 부채를 펼쳐 들고 흰 말 위에서 위엄을 보인다. 빨라지는 거문고 장단과 함께 점박이 말을 타고 기생 차림의 무용수가 교태를 부린다. 분홍 옷의 곰방대를 내밀며 선비께 다가간다. 못 이긴 척 따라나서는 선비와 기생. 즐겁게 한판 노는 장면이 펼쳐진다. 한복이 서양인의 체형과 따로 놀 텐데 잘 어울리는 체형의 무용수를 택한 것 같다.

다시 울리는 대북의 굉음. 빛나는 갈색의 큰 말들이 여러 마리 등장해 무대 위를 달린다. 무용수들의 현란한 몸짓과 말들이 뿜어내는 열기로 공연장은 또다시 폭발한다. 달리는 말들의 속력과 함께 더 큰 공간을 만들어내는 무용수의 춤사위까지 더해져 큰 무대가 협소하기 짝이 없다. 북소리의 절정이 말들의 격렬한 움직임을 더욱 세차게 몰아간다. 말이 객석 위로 뛰어오를 것만 같아 저절로 눈이 질끈 감긴다. 얼마나 말들이 세차게 달리는지 객석은 온통 모래 세례를 받았다. 세계의 중심으로 도약하는 한국의 기상을 예언하는 것 같아 마음이 뜨거워진다. 갑자기 사라져 버리는 말들. 팍! 하고 불이 꺼진다.

들끓던 무대는 고요 속으로 잠긴다. 꽤 시간이 지나고 '박수를 쳐야 하나?' 하는 궁금한 마음이 올라올 즈음, 불이 환하게 켜진다. 좌충우돌의 오리들이 제멋대로 뒤뚱이며 걸어간다. 갑자기 객석에서 웃음이 폭발한다. 이제 우리 모두는 꿈에서 깨어나 각자의 둥지로 알아서들 가라는 건가? 예상 밖의 엔딩이 웃음을 선물한다. 프랑스인들의 감각이 경탄스러울 뿐이다. 역시 예술의 나라 프랑스임을 확인했다.

바비와 타이론

하늘을 찌르는 빌딩 숲이 허리케인을 만들어낸다. 정신의 끈을 조금만 허술하게 묶으면, 폭풍 속에 잠식되어 어느새 물질의 노예로 허우적거리게 될 이 도시, 보이는 것마다 감각의 촉수는 높다. 상처받은 영혼들로 가득한 이곳에서 나는 상처를 삼켜 버리기로 마음먹는다.

뉴욕의 ART STUDENT OF LEGUE에 다닐 때다. 30여 명의 남녀노소, 각 인종 색의 모델이 교실을 돌아가며 교대로 모델을 선다. 넘치는 모델들의 다양함에 신이 나 하루가 어떻게 가는지 그림 공부에 정신이 빼앗겨 있었다. 교수는 모델에게 소도구들을 이용해 최대 작품을 만들어낸다. 먹기만 하면 되도록 요리를 만들어 주시는 것이다.

수업을 마치고 붓을 씻기 위해 복도를 지나는데, 다른 교실 문틈으로 모델이 보인다. 순간, 온 몸에 전류가 흐르듯 흑인 모델이 나를 확 끌어당긴다. 화려한 꽃무늬 천을 의자 위에 드리워 놓고, 흑인 여자 모델의 한 쪽 허벅지 사이로 샛노란 천이 흘러내린다. 머리에는 검정색 터번을 두르고 터번 사이로 붉고 가는 끈이 휙 감겨 있다. 의자에 앉는 다소곳한 포즈에 허벅지 위로 두 손이 올라가 있고, 고개만 옆으로 돌렸다. 조명은 뒤쪽에서 모델을 향해 비춘다. 그녀는 흑인 특유의 젖이 처진 몸매다. 그런데 무엇이 그렇게 나를 당긴 것일까? 그래. 바로 선하고 깊은 눈망울이다. 어두운 분위기에 극적인 천의 대비가 고혹적으로 매력을 풍기고, 큼직한 눈빛이 강한 전압으로 바꾸어 나를 꼼짝도 할 수 없도록 한 것이다. 무조건 들어가 조교에게 부탁한다.

"며칠 후면 한국으로 돌아갈 학생입니다. 복도를 지나치는 순간, 모델에게서 강력한 끌림을 받았습니다. 당신도 그림을 그리는 사람이니 이 기분을 알겠죠. 한 번만 그녀를 그리게 해 주세요." 하고 부탁한다. 흔쾌히 청을 들어주며, 대신 소리 없이 그리고 사라져 달란다. 그림을 그리는 동안, 모델에게 나의 존재를 여러 번 눈빛으로 쏜다. 교감하는 기류가 흐르고 수업이 끝나자 모델에게 간다.

"네가 전류를 보내어 나를 끌어당겼다. 이름은?"

"바비."

"따로 모델로 쓸 수도 있나?"

"오케이, 오케이."

우리는 단번에 전화번호를 교환하고 내일 당장 집에서 만나기로 한다.

집으로 온 그녀는 짧은 영어 실력의 나에게 친절하게 그림까지 그려 설명한다. 바비는 요가도 하고, 명상도 하며 그림도 그리고 시도 쓰고, 퍼포먼스도 하는 만능 예술가다. 세상에서 하나밖에 없는 오로지 한 사람밖에 없는 바비다.

그녀가 가지고 다니는 두꺼운 스케치북을 보여 준다. 그날의 기분에 따라 추상의 그림이 그려지고, 알맞은 빈 공간에 시를 써 넣었다. 오랜 시간 함께한 스케치북은 흑인 특유의 냄새까지 배어 있다. 스케치북을 가득 메운 그림과 시는 가벼이 대할 수 없는 진정성이 녹아 있다. 이 모든 것들이 그녀의 눈 속에 집약되어 나를 당겼던 것이다.

뉴욕의 모델들은 대체로 가난하다. 바비도 예외가 아니어서 과외로 수입이 생겨 기뻐한다. 그러나 한국의 개인 모델료에 비하면 1/3 값이다. 마음에 든 모델과 내가 원하는 포즈를 마음껏 그려 볼 수 있는 기회를 나는 흠뻑 즐긴다. 어느 날 데레사를 위해 퍼포먼스를 해 주고 싶단다. 그리고 레게 음악을 튼다. 다른 모습의 바비가 내 눈앞에서 춤을 추고 있다. 사랑스러운 여인이 한 사람을 위해 바치는 춤. 그림을 그리는 모델이 그림을 그리는 나를 위해 아무런 조건 없이 순수 그 자체로 마음을 전하는 춤이다.

언젠가 성악가인 단짝 친구가 파리에서 교수에게 받은 현대곡인 '불의 노래'를 불러 준다. 세상에 아직 알려지지 않은 곡이다. 높은 음이 계속되는 소름 돋는 테크닉을 필요로 하는 이 노래를 바로 지금 이 순간, 오직 너를 위해 부르고 싶단다. 짧고도 강렬한 불의 기운이 절묘하게 표현된 그 곡을 세포라는 세포를 다 열어젖히고 부르는 그녀나 듣는 나나 강한 전류에 감전된 느낌이었다. 오늘 나는 그 전류를 또다시 맛본다.

스파게티도 만들어 먹으며 정들어 가는 사이에 학교에서 다른 매력을 발산하는 모델을 만난다. 복도를 지나는데 다른 교실에서 흑인 남자 모델이 기다란 지팡이를 짚고 서 있다. 한쪽 다리에 힘을 실어 먼 곳을 바라본다. 꼰머리가 빙 둘러 짚단을 펼친 것 같다. 인체가 거대한 나무처럼 느껴진다. 남자의 몸도 이렇게 아름다울 수 있다는 것을 처음 느꼈다. 너를 만난 순간처럼 감동 어린 모델을 보았노라고 바비에게 이야기한다. 바비는 잘 아는 모델이라며 그리고 싶다면 언제라도 불러 주겠단다. 그의 이름은 타이론이다.

타이론 또한 얼마나 가난한지 뉴욕에서 거지 차림으로 다닌다. 파트 타임으로 하지 않는 일이 없단다. 그 역시 과외의 수입에 입이 함지박이 된다. 패션 모델을 할 때의 사진을 보여 주는데 딴 사람인 줄 알았다. 이렇게 두 모델은 그림 속 연인 같은 모델을 서게 된다. 한 장, 두 장 그림이 쌓여 간다. 점점 둘이서 하는 포즈들이 자연스럽다. 내 작은 삶 안에 최고의 모델들을 원 없이 그려 본 순간들이다. 그러나 어느덧 한국으로 돌아가야 할 날이 다가왔다. 뉴욕에서의 마지막 밤을 열정적으로 함께한 두 모델들과 보내고 싶었다. 가까이 지내던 두 동생들과 두 모델, 그리고 나. 송별 파티를 연다. 바비에게 장소를 물색하게 했다. 가난한 그녀는 가 본 곳이 두 곳밖에 없다면서 그래도 좋다면 안내를 하겠다고 한다. 우리는 가난한 흑인 모델이 즐기는 조그만 바에서 바비의 퍼포먼스에 흠뻑 빠진다. 즐거움과 아쉬움이 엇갈리

는 밤이 깊어 간다. 그런데 갑자기 바비와 타이론이 보이지 않아 어두운 곳을 두리번거린다. 둘만의 은밀한 만남. 놀란 여자 셋. 동시에 나가자고 외친다. 멋쩍어하는 타이론이 "데레사가 매직을 걸어 우리는 연인이 되었다." 하며 웃는다.

두 연인의 중앙에 내가 서고 두 동생들이 양 옆으로 선다. 5명이 어깨동무를 하고 인간이 사라져 버린 맨해튼 거리를 누빈다.

사랑에 매직을 건 데레사여! BYE~ BYE!

최고 모델들과 함께한 뉴욕이여! BYE~ BYE!

아직까지 그들은 서로 연인들일까? 나의 전류가 진정 요술을 건 것일까? 하느님은 인간에게 전류를 선물하여 새로운 만남을 만들어내고 그렇게 알 수 없는 미지의 세계를 만드시는 걸까? 모두모두 보고 싶다.

그림으로 풀어 낸 육사의 詩
– 한 개의 별을 노래하자

눈에서 비늘이 떨어진다.

민족의 기념비적인 시인, 이육사의 시화집 제작을 의뢰받았다. 육사 선생님의 탄생 110주기를 기념하는 일이다.

무지한 나는 공부하는 마음으로 순진무구하게 화탁 위에 시집을 펼친다. 큰 산이 바로 코 앞에 놓여 있다. 옥편을 펼쳐도 나오지 않는 한자와, 상상과 상징의 언어로 가득한 시 구절들과, 한량없이 높은 그분의 정신을 마주하고 나는 가만히 책을 덮는다. 머릿속이 하얗다.

먼저 그분을 알아야만 했다. 퇴계 이황의 후손임도, 수인번호인 264번에서 만들어진 '육사'라는 이름도, 일제 강점기에 17번이나 감옥에 끌려가는 고초를 겪다가 끝내 냉혹한 겨울, 북경 감옥에서 옥사한 일도, 독립운동가이기 전에 따뜻한 서정을 발산한 민족시인이라는 것도 하나씩 공부해 갔다.

해질 무렵 그분의 깊은 마음의 골짜기를 헤매다 보면 어느새 창밖이 밝아온다. 그림에 시를 담기 위해서는 육사의 마음이 되어야 한다.

시를 읽고 또 읽는다. 시어 하나 하나가 놀라운 세계였다. 낭송가가 된 듯 시를 온 마음을 다해 읊조리다 보면 시구 절 하나가 마음을 탁 건드린다. 눈을 감고 그 시 구절을 붙들고 언어가 뿜어내는 마력이 이끄는 대로 무의식의 세계로 날아간다.

소름이 돋을듯 육사의 마음을 느낀다. 그와 깊숙이 하나가 될 때 붓을 든다. 육사의 시는 무슨 색일까? 척박한 조국을 뜨겁게 사랑하신 열정을 뒤로하고 새롭게 만난 그분의 낭만, 우수, 슬픔, 고뇌를 표현하고 싶다.

바다 속의 깊고도 짙은 푸른 색! deep blue다!

번쩍이는 시어들이 심해에서 튀어나오고, 나는 점점 사랑의 열병을 앓듯 그의 마음속으로 뛰어든다. 시를 돋보이게 하기 위해서 그림은 투명하고 맑게 수채화 기법을 쓰자. 그림은 시를 돕는 도구일 뿐이다. 천연 재료를 섞어 심연의 푸른 색을 만들자.

한 장씩 그림이 쌓여 가고, 육사 시의 절정인 '광야'를 만난다.

"까마득한 날에 하늘이 처음 열리고"

이것은 천지창조, 개벽의 순간이 아닌가!

육사의 시는 스케일이 컸다. 이 담대함을 어떻게 담아야 하나?

"끊임없는 광음을 부지런한 계절이 피어선 지고"

무한한 시간을 영속하게 하는 표현이라니! 삼릉의 소나무 길을 거닐며 생각에 생각을 얹어 간다. 시인은 세상에서 가장 존경 받아야 할 존재라는 사실을 뼛속 깊이 깨닫는다.

이 짧은 시 구절 속에 우주를 품고 민족을 부활시키고 생명을 다시금 움트게 하다니, 이 얼마나 위대한 존재인가.

그의 시 가운데 전율을 일으킨 '한 개의 별을 노래하자'에서

"한 개의 별을 가지는 건 한 개의 지구를 갖는 것

아롱진 설움밖에 잃을 것도 없는 낡은 이 땅에서

한 개의 새로운 지구를 차지할 오는 날의 기쁜 노래를

목 안에 핏대를 올려가며 마음껏 불러보자."

이토록 아름다운 시를 젊은이들이 가슴에 품는다면 오늘날 세상은 얼마나 푸근해질까?

"그는 별 계단을 성큼성큼 올라가고"

"흰 돛은 바다를 칼질하고 바다는 하늘을 간질러 본다. 여기 바다의 아량이 간직여 있다."

"겨울은 강철로 된 무지갠가 보다."

나의 마음을 움직인 그의 언어들과 조우하며 뜨거운 짝사랑의 열병을 앓는다. 시대를 뛰어넘는 언어의 연금술로, 가슴을 뜨겁게 하는 민족시인 이

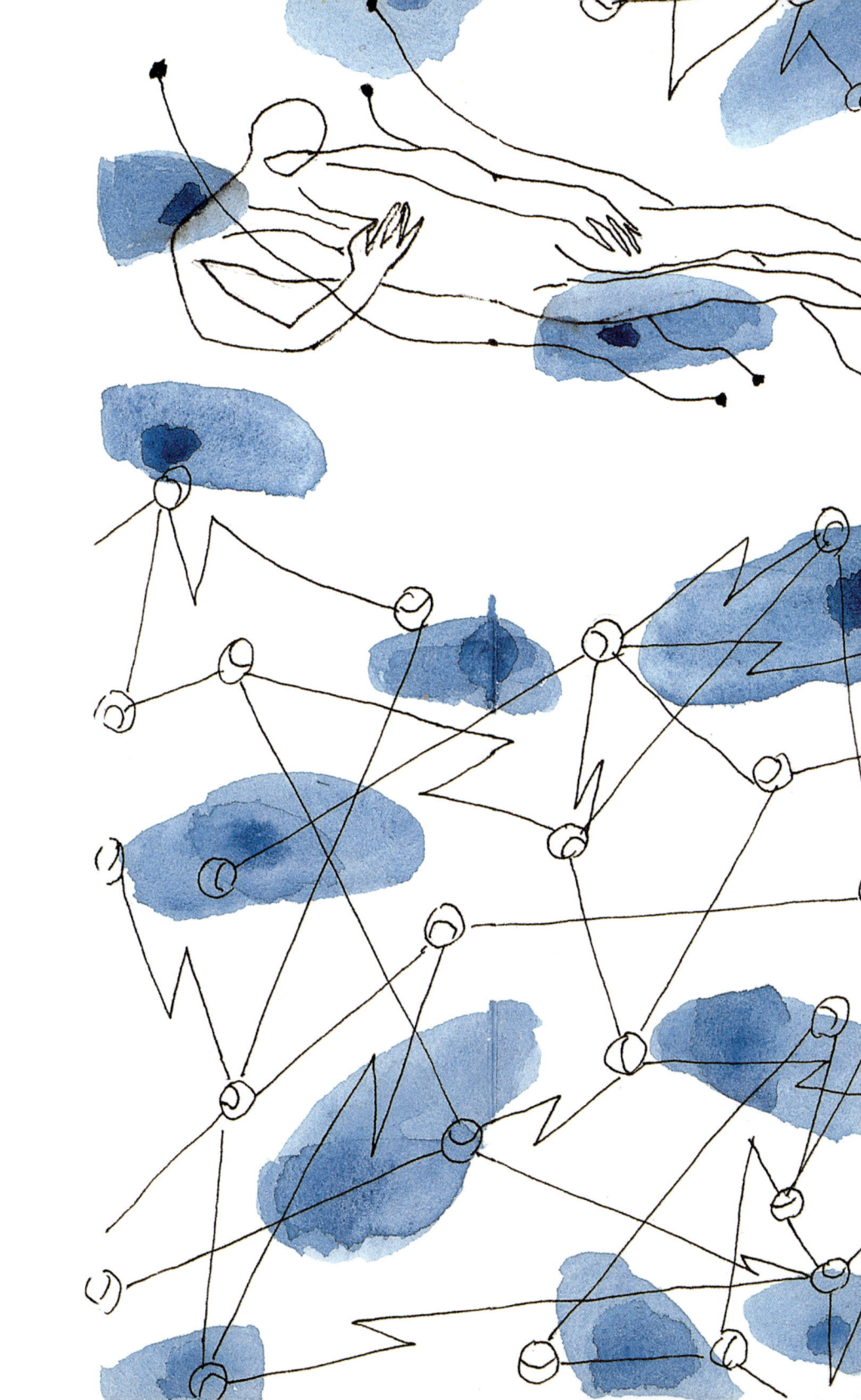

육사를 우리는 너무도 잊고 있다.

시화집 초미에 그의 초상화를 그린다. 백마 타고 오는 초인을 지금도 기다리시는 모습이 달 속에 어려 있다. 육사 선생의 유일한 혈육인 '옥비' 여사를 만났다.

'기름질 옥(沃)'에 '아닐 비(非)'의 뜻은 기름지게 사는 것을 경계하고 욕심 없이 살라는 뜻으로 그녀에게 유언처럼 주신 이름이며 포승이 묶인 손과 머리에 씌어진 용수의 기억으로 남아 있는 마지막 만남은 세 살 때였다. 어린 시절부터 어머니의 팔베개를 하고 누워 아버지 이야기를 자장가처럼 들으신 이야기를 하신다.

우리에게 너무도 소중한 이육사라는 민족시인의 하나뿐인 이옥비 여사의 존재가 크게 와 닿는다. 그 당시 육사께서는 무기 반입에 관여했기 때문에 비밀리에 활동하다보니 그의 항일 투쟁의 삶이 제대로 알려지지 않았다. 어떤 고문에도 절대로 입을 열지 않고 꿋꿋하게 죽음을 맞이하신 그분을 우리는 부활시켜 드려야만 한다. 그리하여 우리 모두의 가슴에 한 개의 별을 품도록 하자. 한 개의 별을 노래하자!

엄청난 시의 세계를 맞본 나의 눈에서 무지의 비늘이 뚝 떨어진다.

남편 이야기

앞에서 당기고 뒤에서 밀며 중심을 향해 빳빳한 기운이 모여 든다. 호흡을 가다듬고 바위 위에 칼로 세기듯 힘을 모아 끌고 간다. 어느 때는 구만리장천을 나는 붕새가 날개를 털 듯하고, 골수 깊은 곳에 종기가 뿌리 내리듯 깊이 파고 드는 이것.

얼마나 적막한지 숨소리조차 들리지 않는다.

어느새 검객이 쓰는 칼날이 되어 종이 위에 내리꽂힌다.

이 넓은 화실 가운데 붓 끝 하나에 온 기운이 모여 있다.

결가부좌를 한 흰머리의 청년이 붓 하나로 삼매에 들었다.

한 시간.

두 시간.

세 시간.

문틈으로 빼죽이 들여다본다.

"식사하러 오이소."

목소리가 기어 들어간다.

남편의 등 뒤로 꿀이 쭈루룩 쭉 흘러 내리니 이 일을 어찌 할꼬.

외팔로 태산준령을 넘나들기 위해 쉼없이 붓끝을 달구고 있다.

....

캄캄한 밤.

세 살짜리 아들을 안고 논둑을 뛰어가는 아버지.

헐떡이는 숨을 몰아쉬며 필사적으로 달린다.

칼을 든 인민군이 바짝 뒤를 쫓아온다.

청년단장을 지내는 큰아들과 지주라는 죄목이 그를 사지로 내몰고 있다.

어린 아들을 안고 뛰는 노인과 인민군의 거리는 점점 좁혀진다.

달빛에 번쩍이는 칼날은 아버지의 가슴을 지나 작은 아이의 턱 끝을 스치고 왼쪽 손을 도려내 버렸다. 논둑에 쓰러진 아버지. 아이를 두고 차마 눈을 감을 수 없다. 조그만 아이의 잘려진 팔 위로 치솟는 피.

절명해 버린 아버지를 당겨 보지만 공포만 더 커진다.

아픔보다 더 무서웠을 두려움.

아! 아! 아!

잘려진 팔 위로 혼절한 작은 아이.

"하늘이 장차 그 사람에게 큰 일을 주려고 할 때는 반드시 먼저 그의 마음과 뜻을 흔들어 고통스럽게 하고 그 힘줄과 뼈를 굶주리게 하여 궁핍하게 만들고 그가 하고자 하는 일을 흔들어 어지럽게 하나니 인내로써 담금질하여 하늘의 뜻을 능히 감당하도록 역량을 키워 주기 위함이라."

그는 이런 하늘의 운명을 가지고 태어났다.

……………

오태석의 '초분'을 보고 돌아가는 미대 1학년 여학생과 청년 화가는 어두운 거리를 걷고 있다. 우연히 집으로 가는 방향이 같은 것이다. 강렬한 연극을 본 기운이 사그라들 즈음. 미대생은 화가에게 질문을 던진다.

"흰 캠퍼스가 주는 공포를 선생님은 어떻게 풀어예?"

"그림을 머리로 그리려고 하지 마라. 삶은 몸으로 부딪히는 기다. 생각만 하지 말고 그리다 보면 실마리가 풀린다."

생생한 경험의 이야기가 얕은 체험의 아가씨에게 벼락처럼 내리꽂힌다.

"와! 이 아저씨 피가 펄펄 끓고 있네."

우리의 첫 만남은 이렇게 시작됐다.

……………

스무 살에 만나 예순이 되었다. 40년의 세월이 지났다. 극렬한 반대를 무릅쓰고 한 결혼이기에 더 열심히 살았다. 12폭 치마로 감싸며 살라고 하신 어머님의 말씀. 온전히 그의 왼팔이 되어 거름이 되라고 하신 어머니. 더 많이 사랑하는 사람이 이기는 것이라고 다독이신다.

야생마 같은 사람을 만나 몇 곱의 진한 삶을 살았다. 켜켜이 쌓인 많은 날들의 이야기를 그 누가 알겠는가? 나로서는 뵐 수 없는 귀한 분들을 수도 없이 만났고, 세상의 귀한 곳을 많이도 다녔다. 그림을 함께 하는 부인에게 결혼 전 약속을 지킨 남편이다. 한 호흡으로 지내온 시간들이 먼 곳으로 밀려가고 물밀듯 밀려오는 알 수 없는 항해를 우리는 하고 있다.

남편의 어린 시절 백부께서 들려주신 솔거의 이야기가 그림을 그리게 된 시작점이 되었고, 오늘 진정 솔거의 마음으로 소나무를 그리고 있다.

"멀리도 왔어."

회한에 찬 소리를 쉴새없이 뱉으며 커다란 소나무 그림을 바라보는 그의 눈엔 이슬이 맺힌다.

특별한 하늘의 운명을 지닌 남편. 남들과는 다르게 거꾸로 가는 삶을 살았다. 그리고 '불편'이라는 화두에 평생을 걸었다. 붓을 든 큰 거인과 공포에 떨고 있는 세 살짜리 아이가 동전의 양면처럼 붙어 있다.

어떤 허물도 잔혹하기 짝이 없는 그때의 그 아기를 떠올린다면 모든 걸 덮어 주어야 하지 않을까? 부서져 내려앉듯 부스스 떨어지는 달빛의 유리 파편들이 지금까지 걸어온 상처투성이의 그의 삶과 닮아 있다. 세상에서 당신이 될 수 있는 사람은 오로지 당신 한 사람뿐.

하느님의 선물로 나에게 오신 당신!

하늘이 이끄시는 대로 따르시어 세상에 진 빚을 함께 갚아 갑시다.

2.
신앙 단상

바람이
만들어낸 이야기

바람이 분다.

그러나 우리는 아무도 바람의 마음을 예측할 수 없다. 바람이 만들어낸 나의 이야기를 시작한다.

어느 날 저녁, 연로하신 어머니께서 갑자기 위독하시다. 혀가 말리고 눈이 뒤집히고 호흡이 턱턱 막히신다. 너무 놀라 평소 가까이 지내는 수녀님께 다급히 전화했다. 양로원에 계시는 수녀님이신지라 자주 있는 일이라며 당신 시키는 대로 침착하게 하라고 가르쳐 주신다. 첫째, 숟가락을 수건에 싸서 입에 물리고 둘째, 팔을 쓸어내려 열 손가락을 바늘로 따서 혈을 돌리고 셋째, 다리를 쓸어내려 열 발가락의 피를 충분히 내라고 하신다. 그리고 식구 모두 둘러앉아 온몸을 주물러 드리면서 촛불을 밝히고 간절히 기도하라고 하셨다. 어머니는 삼십 년 동안 관절염을 앓아 걷지 못하신 분이다. 그런 어머니께서 지금 가시면 안 된다고 눈물로 기도했다. 살려 주신다면 내 재능을 다 바쳐 봉헌하겠노라 매달렸다. 우리의 간절한 기도가 닿았는지 어머니는 혈색이 돌아오며 빙긋이 웃으신다. 그 주일, 어머니를 위해 병자 봉성체를 부탁드렸다. 계단을 올라오시는 신부님 뒤로 마치 후광이 비치는 것 같다. 나의 눈에만 그런 것이겠지만 아! 예수님께서 어머니를 위로해 주러 오시는 것 같았다. 그때 나는 내 입술이 아니었다.

"신부님! 저의 첫 전시회를 봉헌하고 싶습니다." 그 당시 서울 세검정성당은 성전 건축을 위해 모두 애쓸 때였다. 아무런 계획도 없이 툭 튀어나온 이 이야기는 황당하기까지 했다. 첫 수확을 주님께 올리듯 첫 전시를 봉헌하고 싶었다. 전시 준비를 할 수 있는 날짜는 50일이었다. 전시도 성당에서 그냥 하기로 했다. 조금이라도 경비를 절약해야 했고 중심을 보시는 그분께 순수한 마음을 드리는 것이 가장 소중한 일이었다. 그 당시 그림에 대한 마음속 불꽃은 깊숙이 잠재워 놓고 남편 일로 자식 일로 바쁘게 보낼 수밖에 없을 때였다.

이제 불꽃의 불을 댕긴다.

액자도 만들어야 하고 간단한 리플릿을 만들려면 그림 그릴 수 있는 시간은 40일이다. 하루에 한 작품씩 만들어야 했다. 전시를 위해 식구 모두 한마음이 됐다. 목말라 있던 열정에 기름까지 부으니 불꽃은 활활 타오른다. 순화의 십자가, 죽음의 언덕, 고통의 성모님, 사랑의 마더 데레사, 기쁨의 노

래…. 하루하루 알 수 없는 힘에 이끌려 그림들이 쌓여간다. 어느 날, 위층에 살고 있던 짝꿍 친구가 꿈을 꾸었다. 성당 마당에서 새끼 호랑이 두 마리가 즐겁게 노는 꿈이란다. 너무 또렷했고 뭔가를 예시하는 것 같아 곰곰이 생각해 보았단다.

"너는 그림으로 봉헌하고 나는 음악으로 봉헌하라는 뜻이 아닐까?"

"멋진 생각이야! 음악과 함께하는 전시회라니!" 더 힘이 난다.

친구와 가까이 지내는 성악가들의 찬조로 성전 건립 음악회까지 흔쾌히 이뤄졌다. 50일 동안 그림도 액자도 리플릿도 음악회 준비도 일사천리로 진행됐다. 간이 벽을 만들어 그림을 걸고 아쉬운 대로 전시장을 꾸몄다. 열심히 준비하며 보낸 시간이 그림 위에 포개진다. 나만이 알 수 있는 기쁨의 시간과 공간 사이를 비집고 은총의 꽃 비가 내린다. 예쁘게 차려입은 성악가들이 성가를 부르니 그림은 춤을 추고 두 마리 새끼 호랑이의 잔치판은 성황리에 벌어졌다. 사심 없이 맑게 봉헌하는 아름다운 이들의 노래는 성당 구석구석까지 스며든다. 고마운 지인들의 작품 구매와 교우들의 정성 어린 음악회 티켓 판매까지 모여 꽤 큰 기금이 마련됐다. 모두의 마음이 합쳐져 이루어진 일이다. 지금도 세검정성당 복도에 걸려 있는 마더 데레사를 볼 때마다 그때의 열정이 다시 살아나 내 마음을 달군다.

소나기처럼 쏟아진 주님의 특은

주님께서는 하시고자 할 때 우리가 감히 생각지 못한 일을 한꺼번에 주신다. 지금 생각해 봐도 부족한 나에게 엄청난 일을 부어 주신 그분의 큰 사랑을 생각하면 가슴이 벅차다.

어느 날 바오로 딸 수녀님께서 전화를 주셨다. 긴히 상의할 일이 있다며 수도원에서 만나자고 하신다. 여주 '사도 모후의 집'을 설계하신 김광현 교수님께서 14처를 의뢰하신다는 말씀이다. 새로 짓게 될 수녀원 성당의 십자가, 14처, 감실과 성모상까지 한번 제작해 보라는 뜻밖의 제안을 받았다. 평소에 해 보고 싶었던 일들이 한꺼번에 주님의 특은으로 쏟아진 것이다. 흥분을 가라앉히고, 본당인 서울 세검정성당 수녀님께 이렇게 큰일을 앞두고 성전에서 기도하고 싶으니 성당을 사용하게 해 달라고 부탁했다. 저녁 9시 제대 앞

정중앙 바닥에 결가부좌를 하고 기도에 든다.

"주님! 이 부족한 딸을 선택해 주셔서 고맙습니다. 당신이 사랑하시는 딸들이 거하실 수도원의 성당입니다. 은혜로운 곳이 될 수 있도록 도와주십시오. 먼저 부활의 십자가인가요? 고통의 십자가인가요?" 온 마음을 맡기고 주님의 말씀을 기다린다. 고요한 침묵 가운데 내 마음을 스치는 기운을 감지한다. 풍요로운 이 시대에 놓치기 쉽고, 피해 가기 쉬운 고통에 대한 메시지가 위로부터 전류가 되어 짜릿하게 전해져 온다. 예수님의 얼굴은 고통을 이미 초월하셨다. 그러나 손의 느낌은 감당할 수 없는 수난의 절정이 강하게 각인됐다. 이제 작품의 실마리는 잡혔다. 재료를 준비하고 철골로 뼈대를 잡았다. 드디어 흙으로 십자고상 작업을 시작한다. 주님과 함께 이야기하며 행복한 시간이 흘러간다. 2m나 되는 흙 작업을 사흘만에 끝냈다면 누가 믿을까? 나의 힘이 아니었다.

이제는 한국적 이미지의 넉넉한 성모님을 만들 차례다. 기다랗게 데포름한 십자고상과는 반대로 펑퍼짐한 우리의 어머니상을 표현해야 한다. 아기 예수님을 세상에 봉헌하시는 후덕한 성모상이다. 현대적인 맛과 한국적인 느낌을 더해 편안하게 안기고 싶은 성모님을 나타내고 싶다. 뒷면은 수녀님들께서 외로울 때 성모님 등 뒤에서 고백도 하고, 울기도 하고, 숨기도 하시기에 충분한 넉넉함과 후덕함을 강조했다. 이제는 14처를 고민할 차례다. 그런데 주님께서는 완벽한 시나리오 연출가임이 틀림없다. 14처를 시작할 당시 막내 오빠의 간암 증세가 심각해져 눈물을 닦으며 병실을 오가게 됐다.

각 처를 그릴 때마다 슬픈 감정의 이입은 절정에 달한다.

깊은 현색의 블랙홀을 따라 십자가를 지고, 쓰러지고, 옷 벗김 당하고, 십자가에 못 박히며 돌아가신다. 죽음을 목전에 둔 막내 오빠와 십자가형으로 돌아가시는 예수님 사이에서 내 눈의 비늘이 뚝뚝 떨어져 나간다. 세포 깊숙이까지 슬픔이 하나가 돼 나의 넋을 놓아 버리는 동안 14처가 완성됐다. 일련의 작업을 이어가면서 슬픔과 아픔이 승화돼 주님께로 향하는 뜨거운 마음은 세차게 타오른다.

그렇다! 감실의 표현은 불꽃이다! 성령의 불길로 감실을 뜨겁게 하자! 이렇게 완성된 성당 앞에 서고 보니 치열했던 시간이 파노라마처럼 스쳐 간다.

그리고 1년 후, 뜻깊은 성당에서 수녀님들과 함께 열흘 동안 침묵 피정을 했다. 고락을 함께한 작품들이 나의 손을 떠나 원래 자리인 양 힘있게 서 있다. 마음이 뿌듯하다. 피정 예식 중 연로하신 한 수녀님이 지하 소성당의 십자고상 주님의 발등에 애절하게 입 맞추는 장면을 보았다.

순간, 여러 가지 감정이 한꺼번에 포개지면서 북받쳐 오르는 감동을 주체할 수가 없다.

아! 아! 아! 주님은 나의 손을 잠시 빌리신 것이구나!

모든 성상은 기도와 합쳐지면서 그 자체로써 성령의 기운을 드러내는 것을 믿어 의심치 않는다. 표현할 길 없는 영혼의 사다리를 타고 내면으로 깊이 더 깊숙이 들어가 온전히 주님을 향해 엎드린다.

  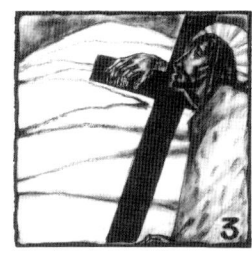 
 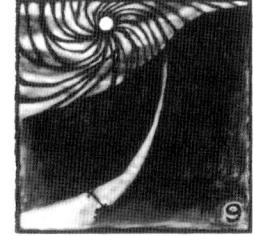 

루르드 성모님의 사랑

안개가 자욱하다.

"할 말이 많은 자는 오랜 침묵에 잠겨야 하고, 번갯불을 댕기려는 자는 많은 구름을 모아야 한다." 마음을 당기는 이 글이 녹록지 않은 삶에 많은 생각을 하게 하던 시기였다. 15년 전, 안개를 걷어내고 싶은 간절한 마음에 파리에서 고등학교에 다니는 딸아이의 봄방학을 이용해 루르드로 향했다. 그곳에 상주하시는 수녀님을 위해 김치를 담그고 여행을 위한 김밥도 준비하고 테제베를 탄다. 프랑스의 전원 풍경을 바라보며 김밥을 먹는다. 아이는 급하게 김밥을 먹다가 체하고 말았다. 얼굴이 샛노래지더니 식은땀까지 흘린다. 쩔쩔매는 우리를 보던 프랑스 여인이 다가와 묻는다. 체한 것 같다고 하니 자기가 기도해도 되겠느냐고 한다. 아이의 가슴과 등에 두 손을 얹고

눈을 감은 채 깊은 기도에 든다. 뱀 모양 반지를 끼고 있는 걸로 보아 봉사자 같다는 생각이 들었다. 힘들어하던 아이가 편안한 얼굴이 된다. 성모님 성지에 도착도 하기 전부터 따뜻한 손길이 임하고 있다. 드디어 루르드다.

성모님께서는 가난한 열네 살 소녀 베르나데트에게 열여덟 차례나 발현하셨다. 샘을 가리키며 그 물을 마시고 몸을 씻게 하셨다. 수없이 많은 치유의 기적이 일어난 루르드는 일 년 내내 세계 곳곳에서 몰려오는 순례객으로 넘친다. 수녀님 안내로 박물관과 성당 곳곳을 구경했다. 정성과 신심으로 점철된 아름다운 성당도 감동이었지만 배 모양의 지하 성당은 프랑스인들의 예술적 안목을 보여 준다. 시멘트로 만든 배 형상의 현대적 건축물에 수십 겹의 유리로 만들어진 14처는 보석처럼 빛난다. 한가운데 제대를 향해 시선이 모이게 하여 뜨거운 성령의 불길로 표현한 제단은 훌륭한 아이디어다. 절제된 무채색의 시멘트에 포인트만 살린 이 건축물은 퍽 인상적이었다.

그날 밤 자정, 우리는 성모님 앞에 앉았다. 얼마나 많은 애절한 손길이 이곳을 어루만지며 기도했기에 동굴이 닳아 둥글어졌을까? 아직도 샘물은 끊임없이 솟아오르고 성모님의 사랑은 흘러내린다. 풀리지 않는 숙제 보따리를 펼쳐 놓고 어둠마저 사랑의 깃에 묻힌 이 공간에서 어린애가 된다. 가져온 보따리가 서울에서는 그토록 컸었는데 성모님의 손길로 눈 녹듯 사라진다. 이 적요의 평화를 어찌 잊을까? 이대로 영원히 머물고 싶다.

다음날 수녀님께서 권유하신 침수를 한다. 분홍색 옷을 입고 있는 작은 성모상에 입을 맞추고 깊숙이 물속으로 몸을 누인다. 봉사자들의 익숙하고 따뜻한 손길에 몸을 맡기는 순간, 폭포수 같은 눈물이 몸 전체를 흔들어 감당할 수가 없다. 이 알 수 없는 눈물의 은총이 익숙한 듯 봉사자는 빙긋이 웃으며 바라본다. 몸을 닦는 수건을 왜 주지 않을까 궁금했는데 거짓말같이 옷을 입기도 전에 말라 버린다. 쌀쌀했던 2월 날씨에도 불구하고 온몸이 날아갈 듯 발걸음이 가볍다. 안개에 덮여 있던 마음속 갈등이 걷히고 성모님 은총으로 휘감긴 마음은 사랑으로 다시 태어났다.

안타까움과 슬픔과 분노로 말미암아 나라가 어느 때보다 기도가 절실한 때이다. 죄 없는 아이들이 희생양으로 바쳐지는 이 시대의 위기를 직시하며 루르드에 발현하신 성모님의 사랑이 어느 때보다 간절하기에 그때의 감동을 다시금 되새긴다.

어머니의 사랑

눈을 감는다.

이 나이에 나에게 사랑의 근원은 어디에 있었을까? 곰곰이 생각을 걸러 본다. 바다이기도 하고 대지이기도 한 모든 생명의 근원인 어머니. 살아 있는 모든 것들의 어머니! 나에게는 어머니의 사랑이야말로 그림의 시작이었다. 어머니는 신비로운 영감으로 가득 찬 미지의 나라로 나를 데려가셨다. 어머니는 삼십 년 동안 관절염으로 걸어 다닐 수 없으셨기에 온통 삶이 기도였다. 손에서 묵주를 떼신 적이 없으셨으니 성모님 사랑을 충분히 받으실 만했다. 가난했던 신혼 시절, 그림 그리는 남편 등 뒤에서 "불쌍한 우리 사위, 세계 제일가는 화가가 되게 해달라."고 어린애처럼 하시던 기도를 눈 감으실 때까지 하셨다. 한국 최고도 아니고 세계 최고 화가라니 "엄마의 기도는 너무 과해."라고 하면 "아니다. 아니다. 될 만한 그릇이기에 하는 거다."라고 하신다.

　한평생 기도의 밑거름이 되었고 모든 식구에게 사랑의 씨앗을 뿌리신 어머니의 죽음은 또 다른 시작을 열어 주었다. 작은 체구만큼 조촐한 어머니의 유품을 정리하면서 낡은 묵주기도 책에 메모하신 삐뚤빼뚤한 어문체의 어머니 글씨가 눈에 들어온다. 자손들을 위한 기도 지향이 어머니 필체로 쓰여 있다. 발음 나는 대로 쓰인 어머니만의 글씨가 사랑스러워 웃음이 새어난다. 어머니의 기도 위에 딸의 기도가, 딸의 기도 위에 손녀의 기도가 포개어진 묵주기도 책이라면 그게 집안의 보물이 아닐까? 그렇다! 대를 물릴 아름다운 묵주기도 책을 만들어 보자! 순간 화살처럼 스쳐 가는 새로운 묵주기도 책 제작이 사명처럼 마음을 두드린다.

　긴 세월 기도를 드리면서 '왜 우리 그림으로 된 묵주기도 책은 없을까?' 늘 생각하던 일이었다. 의욕을 앞세워 용기를 낸다. 예수님 일대기를 현대화하고 토착화하는 일은 쉬운 일이 아니었다. 가벼이 할 수 없는 일이라 일단 작업을 멈추고 다시 도전하기로 한다. 일 년의 세월이 흘렀다. 그사이 집안에 힘든 일이 일어났다. 내 삶 속에 가장 굵은 대나무 마디 하나가 생겼다. 늦은 나이에 찾아든 삶의 질곡은 예수님 수난의 깊은 주름을 가슴으로 받아들이게 했다. 자연스레 부끄러운 지나간 나의 죄를 들여다보며 환희의 신비에 진심으로 다가가고, 빛의 신비에 황홀해 하며, 고통의 신비에 절규함으로써 참으로 영광의 신비 앞에 엎드리게 되었다. 하느님께서는 절묘한 때에 고

통을 겪게 하여 자신을 비우게 하는 것과 그 터널을 지나 참된 기쁨을 느끼게 하는 시나리오를 연출하시는 것을 이제는 알 것 같다.

한참 연배가 높으신 신달자 엘리사벳 선생님의 가슴을 두드리는 기도문이 그림과 어우러져 묵주기도 책이 성바오로출판사에서 탄생하였다. 인생 선배이신 신달자 선생님의 삶 또한 한 편의 드라마다. 기도의 연륜이 녹아내린 깊은 성찰의 기도문은 부족한 그림을 풍성하게 한다. 그리스 정교회 소티리우스 대주교님과의 인연도 이 묵주기도 그림 덕이다. 평화화랑에서 출판 기념 전시와 현역 여류 작곡가들이 이에 걸맞은 음악을 작곡해 열린 음악회까지 성황리에 열렸다. 이렇게 탄생한 묵주기도 책이 잊히는 것 같아 안타깝다. 다행히 성바오로딸수도회의 이정아 수녀님께서 그동안 이 책으로 피정 지도를 하셨다.

수녀님이 신자들을 만나 그림에 얽힌 강의를 해 달라고 제안하신다. 아이만 낳아 놓고 돌보지 못한 엄마의 심정이 이럴까? 고민 끝에 시작해 보기로 마음을 먹었다. 또다시 성모님께서 부르신다. 신자들과 그림으로 영적 교감을 나누면서 그림들을 곰곰이 들여다보았다. 그사이 공부가 되었는지 또 다른 묵주기도 그림이 기다린다. 일련의 일들은 성모님께서 그토록 간절히 바라시는 묵주기도를 신자들에게 안겨 주는 뜨거운 열망이실 것이다. 이 부족한 사람이 다시 용기를 내어 성모님을 향한다. 돌아가신 어머니의 든든한 격려와 함께….

사도 바오로의 길

인간의 길 가운데 사도 바오로의 길만큼 감동적인 길이 어디 또 있으랴? 그분의 길에는 퍼도 퍼도 마르지 않는 깊은 우물이 있었다. 워낙 광대한 광맥이었기에 다가가더라도 그 감동을 어떻게 감히 필설로 표현할 수 있을까? 그러나 정교회의 소티리우스 대주교님을 모시고 사도의 길을 그림으로 표현했던 소중한 이야기를 미약하게나마 하려 한다.

사도의 탄생지인 타르수스 원시의 산들은 그분의 높은 정신과 열정, 예언들을 이미 품고 있었고 큰 분의 씨앗은 거대한 자연의 기운과 함께했다. 라삐들로부터 교육을 받으며 어린 시절을 보내고, 열다섯 살에 예루살렘에서 구약 성경을 체계적으로 공부한다. 이후 예루살렘에서는 예수님의 십자가형과 부활에 관해 논쟁이 벌어진다. 예수님을 변론하는 스테파노에게 폭

도들은 돌팔매질을 한다. 그러나 피를 흘리며 쓰러지는 순간에도 그의 얼굴은 천사처럼 빛난다.

사울은 첫 순교자를 죽인 자들의 옷을 맡아 준 그 일로 평생 양심의 가책에 시달린다. 끔찍한 박해자가 되어 교회 신자를 축출하는 일에 앞장선 사울에게 놀라운 사건이 다마스쿠스에서 일어난다.

"불타는 광채 속에서 자신을 바라보는 진정 슬픔에 찬 아름답고 고요한 두 눈을 가진 하늘에 속한 그분의 얼굴을 보았다."

"사울아. 사울아. 왜 나를 박해하느냐?"(1코린 15,48) 대주교님 글을 따라 그림으로 표현하면서 가장 크게 나의 영혼을 흔들었던 장면이다.

거역할 수 없는 눈빛의 예수님을 만난 사울의 원고를 껴안고 그 무덥던 여름을 뒹굴었다. 망각의 천재인 나는 은총의 시간을 돌아서면 잊어버리고 또 반복해 지어온 숱한 죄들이 떠오른다. 죄 덩어리인 우리를 그분의 자비로 한순간에 변화시키는 하느님의 빛에 대해 생각했다. 사도의 굳건한 믿음의 초석이 되었던 그 그리스도의 빛 속에 나 또한 머물고 싶다. 깊은 영적 표현을 해야 하는 그림이기에 끙끙대며 씨름을 한다. 장님이 된 사울. 하나니아스가 머리에 손을 얹자 비늘 같은 것이 떨어지고 다시 빛을 보는 기적의 순간을 맞는다. 우리 곁에 언제나 계시는 주님을 보지 못하는 장님인 우리는 사도의 길을 따라가면서 얼마나 더 많은 비늘이 떨어져 나가는 순간을 맞아야 할까?

사도는 위대한 교부들을 만들어낸 사막에서 3년 동안 사색의 시간을 보내며 자신의 믿음을 더욱 완벽하게 했다. 그 후 복음을 전파하는 사도에게 밀려오는 핍박과 세계를 향한 선교의 대역사가 시작된다. 안티오키아 지방을 지나며 편안히 차로 달리기에도 힘든 길을 이 장대한 산맥을 걸어서 전교했다니, 인간의 의지로 행했다는 것이 도저히 믿기지가 않는다.

대주교님은 고향 아르타와 가까운 니코폴리스에서 초대 그리스도인들이 세운 거대한 성전 바닥의 모자이크를 설명하셨다. 사도가 마시던 샘물을 수로를 통해 어린 시절 대주교님이 마셨다는 감격 어린 말씀을 들으며, 시공을 초월한 사도의 숨결을 감지한다. 사도 바오로는 돌팔매질 당하는 순간, 스테파노의 죽음을 떠올리며 평생 숨겨온 아픔을 보속하는 마음으로 박해를 감수한다. 필리피의 거대한 폐허 속 유적지에서 사도를 따르는 세계 속 신자들을 만난다. 어두운 밤 강력한 지진으로 감옥 문이 열리고 억울하게 갇힌 사도에게 기적이 일어난다. 사도가 갇혔던 초라한 감옥을 스케치할 때 만난 두 프랑스 노인의 인자한 눈동자와 하느님을 선포한 아테네의 최고 법정 아레오파고스와 코린토, 에페소, 폐허 속에 빛나던 페르가몬…. 이 놀라운 성지들을 어떻게 잊겠는가!

지금도 미사 중에 이 단어들이 등장할 때마다 어느덧 그곳에 머무는 영혼의 기쁨을 감출 수 없다. 손이 묶인 채 동쪽으로 돌아서 하느님께 마지막 기도를 드리던 사도의 머리가 땅에 떨어지고 주님을 찬양하던 그의 입은 영원한 침묵에 잠긴다. 장렬하게 순교하는 가슴 떨리는 마지막 순간을 그리며 진한 눈물을 닦았다.

사도가 없었다면 성경이 이렇게 아름다운 모습으로 존재할 수 있었을까? 바오로 사도가 매개로 쓰이지 않았다면 인류를 구원하시는 예수님의 사랑이 전해졌을까? 예수님의 사랑을 죽기까지 실천한 바오로의 사랑! 아! 나는 바닷물을 컵으로 퍼 올리는 심정이다.

그리스 수도원
화첩 기행의 추억

「그리스 수도원 화첩 기행」을 발간한 지도 4년이 흘렀다. 그동안 집 안 팎으로 많은 일에 파묻혀 시간은 화살처럼 바삐 지나갔다. 기억 저편으로 사라져 가려는 이 책이 다시 세상으로 고개를 내민다. 사도 바오로를 따라간 여행 길에 보너스로 주어진 일이었다. 일반인이 근접할 수 없는 크레타섬 흐리소피기 봉쇄 수도원에서의 체험을 그림과 함께 풀어놓은 책이다.

이 모든 일에 중심이 되어 주신 그리스 정교회 트람바스 소티리오스 대주교님을 이 순간에 꼭 만나뵈러 가야만 할 것 같아 가평 수도원으로 간다. 오랜만에 들어선 수도원은 예전보다 더 성스러운 기운이 세속을 밀어내고 있다. 한 뼘 차이의 공간에서 다른 차원의 세계를 만들어내는 놀라운 힘은 무엇일까? 신비한 이 공간이 새롭게 다가와 빙 둘러싸여 있는 산을 혼자서 바라본다.

　언제 나오셨는지 잔잔한 미소를 머금은 아가티 수녀님께서 늘 기다리고 계신 고향의 어머니처럼 반겨 주신다. 언제나, 항상, 그곳에서, 같은 모습으로 기다려 주는, 아! 성모님과 같은 푸근함이 아닌가!

　85세 대주교님의 모습에서도 흘러간 시간을 감지할 수 없다. 더 활력이 넘치고 인자하신 모습에 감탄한다. 새로운 교리서를 편집하시느라 열심이셨다. 먼저 성당에 들어가 조용히 기도하게 하셨다. 그리스 정교회 특유의 성화가 가득 그려진 성당에는 밀랍초 향이 가득 배어 있다. 성당에 모셔져 있는 2000년 전 성인의 뼛조각에 친구를 한다. 메테오라의 두 평 성당에서 만난 예수상과 비슷한 예수상이 모셔져 있는 것을 처음 발견했다. 눈을 감고 감동이 물결쳤던 그 순례 길로 마음은 어느새 떠났다.

　태곳적 풍경 속 동굴 성당에서 테오 수녀님과 함께 성전의 기름 등잔에 불을 밝히던 순간으로 시간을 거슬러 훌쩍 날아간다. 우리도 아득한 시간에 머물러 있는 듯 세상의 시간과는 아무런 상관도 없다. 동굴 속을 가득 채우던 테오 수녀님의 청량한 목소리는 벽을 타고 퍼져 간다. 그 동굴 성당에 머무셨던 은수자는 벌꿀과 약초를 먹고 지낸 성인처럼 자연이 주는 가장 단순한 음식으로 지내셨다. 거대한 산의 준령을 따라, 오랜 세월의 비밀을 간직한 나무들만이 바람이 들려주는 이야기를 듣고 있다는 듯 반짝이는 신묘한 공간이다. 이 놀라운 고요함 속에 깃든 영적인 고귀함은 은수자의 영혼이 펼쳐 놓은 사랑의 그물일까? 이토록 혼탁하고 바쁘게만 돌아가는 세상을 잠재

워 주는 평화로운 영혼들이 깊은 곳곳에서 존재하고 있기에 지구는 돌아가고 있나 보다.

　가평 수도원의 고요가 크레타 동굴 수도원의 평화 속으로 전이되었다. 수녀님이 노크하는 소리에 정신이 든다. 대주교님 그리고 수녀님과 함께 가난하고 풍요로운 저녁 식사를 한다. 대주교님 위치에서는 상상할 수 없으리만큼 조촐한 식탁에 늘 감동하곤 했다. 육신은 검소하고 청빈하나 정신은 한없이 높은 곳에 머무시고, 인자하기 그지없으나 강건하신 절제를 말없이 온몸으로 보여 주신다.

　지난 여행의 즐거웠던 추억, 젊은 날 바다를 좋아하셔서 선장이 되고 싶었던 꿈, 평화신문에 연재했던 바오로 사도와의 추억, 새롭게 시작하는 일들을 주제로 이야기 꽃을 피운다. 여전히 1인 4역의 일과로 바쁘게 지내는 나의 눈동자를 조용히 바라보신다. 오늘의 일은 오늘 하루로 충분하며 아무리 많은 일이 산적해 있더라도 주님께 모든 걸 맡기라고 따뜻한 눈빛으로 말씀해 주신다.

단지 이 두 분의 기도와 사랑으로 이 넓은 수도원이 성스러운 공기로 충만함에 새삼 놀랐다. 어느덧 밤은 깊어가고 여행에서 돌아오실 즈음에 다시 만나기를 기약한다. 수녀님은 마치 친정 엄마처럼 정성 가득한 꾸러미들을 차에 넣어 주신다. 여행 중 별났던 룸메이트 기호를 꿰뚫고 계셨기에 웃음이 새어 나오는 꾸러미들이다. 사랑이 가득한 그곳을 떠나며 이런 생각이 든다. 모든 것이 깊을 수 있는 것은 더 단순한 삶과 주위를 잠재우는 고요함과 내적인 평화를 샘솟게 하는 기도의 힘 덕분이 아닐까! 큰 분을 가까이에서 모셨던 은총의 시간이 깊은 밤 대기를 타고 더 높은 분의 자비 속에 머문다.

3.
담마 스토리

담마 스토리

이제 한 달간의 바람 여행을 시작하려 한다. 인도 여행을 앞둔 어느 날 집으로 손님들께서 오셨다. 담소를 나누던 중, 부처님 시대 명상 방법대로 지도하는 위빠사나에 대한 이야기로 분위기가 뜨거워졌다. 촛불처럼 몸이 녹아내리는 무아의 경지를 맛보았다는 이야기를 듣는 순간, 절체절명의 찰나가 스쳐 가며 "바로 이거야."

나는 단번에 열흘간의 수련에 신청서를 냈다. 어차피 모든걸 비워 보려 떠나려는 여행 길에 참으로 해야 할 운명적인 일이었다. 이제껏 그림자만 보고서 만족한 나, 이제 본질 앞으로 달려갈 테다.

혼자서 박달에 있는 위빠사나 명상센터를 찾아 나선다. 절정의 가을 풍경은 보이는 장면마다 그냥 그림이 된다. 주홍빛 노을이 진다. 황금 벌판을 더욱 찬란한 황금빛으로 물들이는 석양의 붓 놀림에 경탄하며 나는 달린다. 이끼로 덮인 암벽을 병풍처럼 두른 호수가 나타난다.

우리 집 가까이에 이런 멋진 곳이 있었나? 호기심이 동한 악동처럼 여기저기 눈알을 굴리며 콧노래도 부른다. 앞으로 펼쳐질 놀라운 체험을 감히 알지 못한 채…

그런데 어느 순간 내비게이션에서 길이 사라져 버렸다.

"아니! 왜 주소가 있는데 길이 없어지는 거지?"

커다란 산이 만들어낸 그림자 속으로 찬란했던 풍경들은 어느새 무채색으로 바뀌어져 있다. 차에서 내려 마지막 집인 듯한 대문이 없는 어수선한 마당을 기웃거리는데 인기척이 없다.

구석에 숨어 있던 하얀 진돗개가 이빨을 드러내며 사납게 짖는다. 갑자기 돌변한 상황에 등골이 서늘하다. 마음을 졸이며 외길을 따라 낯선 길에 들어선다. 다시 돌아 나오기 힘든 좁은 외길이다.

마침 인부 아저씨 둘이서 공사하는 모습이 보인다.

"아저씨! 여기 위빠사나 명상센터가 어딥니까?"

"저기 저 절인가?"

가리키는 손을 따라 눈길을 돌린다. 조그만 개울 넘어 담 없는 기와집이 여러 채 보인다.

"아! 그러면 그렇지."

안심하며 종무소 앞에 차를 세웠다. 그런데 이곳도 정적만 감돌 뿐 인기척이 없다. 조심스레 기웃거리는데 주춧돌 위에 나란히 놓여 있는 두 개의 신발이 눈에 들어온다. 너무도 고요한 이곳의 공기에 눌려 나의 행동 하나하나는 슬로 비디오 같다. 창 너머 안을 들여다 본다. 개량 한복을 입은 중년의 남녀 두 사람이 보인다. 여자는 혼나간 사람처럼 천천히 아주 천천히 지축을 내려놓듯 발걸음을 뗀다. 감히 말을 붙일 분위기가 아니다. 창밖을 바라보는 남자 쪽으로 조심스레 발걸음을 옮겼다. 그의 초점은 미지의 세상에 꽂혀 있는 듯 미동도 없다. 손을 흔들어 보았으나 나를 투과하여 다른 세상을 보고 있는 듯하다.

아주 다른 혼들의 세상에 온 것 같아 섬뜩해진다.

"이곳까지 와서 되돌아갈 수는 없지."

다른 건물로 발길을 옮긴다. 일본 적산 가옥 형태의 집이 나타난다.

집 앞에는 조각품처럼 너무도 자연스럽게 해골이 놓여 있다. 머리털이 쭈뼛 선다. 컴컴한 방. 깊숙한 곳에서 아스라히 불빛이 스며 나온다. 난 목을 길게 빼고 신기한 그곳을 찬찬히 훔쳐보았다. 한 편에는 책들이 즐비하게 꽂혀 있고, 다른 한 편에는 작은 부처님이 모셔져 있다.

은은한 향내음도 배어 나온다. 어둠에 눈이 익어갈 무렵 방 한 편에서 "누구요?" 하는 굵은 목소리에 깜짝 놀란다. 수북하게 책들이 쌓여 있는 책상 앞에 노스님 한 분께서 앉아 계신다. 스님이 안경 너머로 나를 째려본다.

"죄송합니다만, 위빠사나 명상센터를 찾고 있습니다."

"위로 가 보슈."

짧게 툭 내뱉는다. 자주 이런 일이 있었던 것 같다. 홀린 듯한 묘한 분위기에서 빠져나왔다. 모퉁이를 도니 안내판이 나온다. 산 기슭을 빠져나오자마자 언제 그랬느냐는 듯 청명한 가을 풍광들이 다시 빛을 내고 있다.

담마 첫째 날이다.

'고귀한 침묵(Noble Silence)'

수련생 사이에 눈길조차 주지 않고 참나에게로 향하는 열흘간의 침묵 여정. 휴대폰은 물론이고 필기구조차 허락하지 않는다. 남자 25명, 여자 25명이 큰 홀에서 정좌를 하고 오직 호흡만 바라본다. 수련생 가운데는 수녀님 세 분과 비구니 스님 한 분이 계신다. 수도자 분들이 만드시는 흔들리지 않는 분위기가 모두에게 힘을 싣고 있다.

새벽 4시 기상하여 저녁 9시 30분이 취침 시간이다. 숨결을 느끼며 호흡이 어디에 닿는지를 알아내기 위해 하루 열두 시간 가부좌를 틀고 지켜봐야 한다. 생각을 한 곳으로 모은다는 게 쉽지 않다. 이 마음이라는 것이 잡념으로 가득하여 뭉게구름처럼 피었다 사라지고 또 나타난다.

끊어질 것 같은 다리, 어깨, 목, 허리. 나 자신과의 사투가 벌어진다.

괜한 짓을 하고 있는 건 아닐까?

저 남잔 왜 저리 거칠게 숨을 쉬지?

저 아인 일부러 잔기침을 하고 있네.

내 안의 악마는 나를 이리저리 끌고 다닌다. 얼마나 시간이 흘렀을까? 침묵! 침묵! 침묵!

아-!

어느 한 순간.

콧구멍을 따라 내 몸 속으로 깊숙이 빨려 들어가는 숨의 결이 느껴진다. 느낌을 알아차리고 느낌에 고요한 마음을 올린다. 번뜩이는 섬광처럼 침묵을 타고 언뜻 새로운 세계가 스쳐 지나간다. 침묵은 신이 남겨 준 빈 공간이다.

담마 둘째 날이 시작되었다.

캄캄한 새벽 하늘의 금성을 바라보며 커다란 명상 홀로 발자국 소리를 죽이며 들어선다. 모두들 고요함 속으로 들어갈 준비를 한다. 윗입술 중앙의 뾰족한 부분을 꼭짓점으로 코 전체를 삼각형으로 그린다. 호흡을 지켜보며 그곳의 감각을 느껴 본다. 막막하다. 아무런 감각도 느껴지지 않는다.

나름 명상을 많이 했다고 자부했다. 그러나 감각을 지켜보라는데 도대체 느낌을 알 수가 없다. 1시간, 2시간, 3시간.

침묵 속에서 나는 '마음' 이라는 이 알 수 없는 것을 마주하고 시간을 죽이고 있다. 이렇게 높고 큰 명상 홀이 감옥처럼 몸을 옥죄어 온다. 떨어져 나갈 것 같은 발목의 통증 위로 껄껄한 CD 속의 목소리가 아픈 그곳을 더욱 세

차게 파고든다.

의지도 사라지고, 방어력도 사라지고, 나라는 고집도 사라지면 나의 삶이 바람처럼 저편으로 사라질까? 우리의 삶 속에 죽음의 경계는 얼마나 가까이에 있나? 아픔이 뼛속을 파고들며, 죽음이란 의문이 감각을 찾아가는 시간 위로 성큼 올라섰다. 온전히 평정심을 지켜야 하는 시간에 파고든 아픔이다. 신은 침묵을 통해 우리에게 말하고 우리는 침묵하는 가운데 영혼의 언어를 듣는다.

담마 셋째 날이다.

윗입술의 뾰족한 부분과 두 콧구멍을 꼭짓점으로 하는 작은 고깔 삼각형을 만든다. 그곳에 의식을 집중하여 감각을 느껴야 한다. 고요하고 기민하고 끊임없이 지속적으로 평정심을 가지고 지켜보아야 한다. 감각의 뾰족한 칼날을 세우는 것 같다. 모든 의식을 그곳에 모으고 앉아 있는 나의 다리는 이제 한계를 넘어 터져 버릴 것 같다.

종소리가 울리면 10분간 휴식이다.

"한 시간이 됐을 텐데…"

"종소리는 작게 울리는데 왜 10분 휴식이란 소리는 하지 않지?"

종소리가 울린 다음 휴식은 당연한 일이다.

그러나 아무리 기다려도 침묵뿐이다.

애태우며 기다리는 시간은 1분도 감당하기 힘들다.

이제 몸은 진액을 흘리며 고통과 맞서고 있다. 평정심을 잃고 있다. 그럼에도 윗입술의 감각을 느끼고자 다시 용기를 잃지 않고 나선다. 어느덧 다리의 통증은 한계를 넘어서 하얗게 분말처럼 사라진다. 컴퓨터 화면 위 화살 모양 커서처럼 코 아래 작은 고깔의 감각만이 느껴지는 순간이 왔다.

사흘 동안 열심히 의식을 집중하고 호흡을 지켜보며 찾은 이 감각을 결코 놓치고 싶지 않다. 이제 시간은 아침인지, 저녁인지 시공을 초월하여 흐르고, 나는 나를 탐구하고자 하는 맹렬한 의지만 불태운다. 지금 이 시간만이 나 자신에게 답을 줄 것이다.

이번에 제대로 나를 탐구하지 않는다면 다시는 기회가 오지 않을 것 같은 절박한 심정이다. 채워도, 채워도, 채워지지 않은 이 욕망과 집착과 욕심들을 어떻게 내려놓고 평화로운 마음을 지닐 수 있을까.

흐르는 강물을 보라. 저렇게 끊임없이 흐르고 있는 강물은 한 순간도 같은 물일 수 없다. 언제나 변하고 또 변하니 바깥에서 보이는 저 강은 한 번도 같은 물일 수가 없는 것이다. 세상에는 변하지 않는 것이 없다. 지나온 과거에 매이지 말고, 알 수 없는 미래에 미혹되지도 말며, 오직 현재의 이 순간만을 있는 그대로 받아들여야 한다.

담마 넷째 날이다.

날이 선 뾰족한 감각으로 머리 끝에서 발 끝으로 세밀하게 감각을 느껴본다. 머리 꼭지부터 아주 작은 알갱이가 밀려 내려오는 느낌이다. 작고 둥근 쇠구슬 같은 것이 조금씩 천천히 내려온다. 그 쇠구슬이 밀려난 공간들은 하얗고 시원하다. 나는 완전히 무아경에 빠진다.

내 몸의 형태를 따라 내려가는 중 어깨에 큰 것이 걸렸다. 가만히 그곳을 바라본다. 생각에 흐름을 놓고 그냥 바라본다. 어느새 힘이 들어간다. 걸린 곳이 큰 바위덩이처럼 느껴진다. 어깨에 짊어진 명예도, 욕심도, 가족도, 모두 내려놓아야 한다. 가만히 바라본다.

"그래! 너무 많이 짊어지고 살았어! 내려놓자. 내가 없어도 지구는 잘 돌아가는데…. 욕심도, 명예도, 가족도 모두 내려놓아야 해."

가만히 어깨를 바라본다. 이것이 내려놓음일까? 얼마나 시간이 지났을까? 어깨가 시원해진다.

또다시 천천히 위에서 아래로 내려가는데 가슴 한가운데가 턱하고 걸려든다. 가만히 그곳을 마음을 모아 바라본다. 남편의 얼굴이 떠오르며 '부끄러움'이라는 감정이 겹쳐진다.

"부끄러움?"

또다시 가만히 바라본다. 그의 삶이 스쳐 지나갔다. 아버지 품 안에 안겨 도망치는 아이의 불안한 숨소리가, 불타오르는 화약 냄새가, 팔이 잘려나

갈 때 끔찍한 공포와 아픔, 엄마 없는 외로움이, 팔 없는 서러움을, 돌팔매질을, 지게짐 지고 외롭게 나무 베는 아이를, 큰형수와 함께 밭고랑 매는 그 아이의 힘든 시련이, 파노라마처럼 펼쳐진다. 그걸 바라보는 나는 부끄러움으로 떨고 있다.

아! 나는 남편을 진심으로 이해하지 못하고 살았구나! 가끔은 그의 슬픔과 고통을 아는 듯 했지만, 뼛속 깊숙이 그의 내면까지 들어가 하나가 되지는 못했구나. 지금 내가 할 수 있는 일은 그저 있는 그대로 받아들이는 것이다. 모든 것은 일어나고 사라지는 것이다. 생각도 내가 아니고, 몸도 내가 아니고, 마음도 내가 아님을 보아야 한다. 조용히 바라보아야 한다.

얼마나 시간이 흘렀을까? 또다시 평정심을 찾아 위에서부터 아래로 천천히 훑어 내려간다. 몸 전체가 캄캄하게 변하며 멍한 상태로 한참의 시간이 흘렀다. 조그만 형태가 느껴지더니 "엄마!" 하는 소리가 들린다. 이건 뭐지? 이건 뭐지? 내 마음은 놀라움으로 멍하다. 순간 "낙태했던 아이들의 영혼이로구나." 하는 느낌이 온다.

가만히 바라본다.

사랑이라는 너울 아래 저지른 살인. 낙태가 엄청난 큰 죄인 것을 몸서리치게 깨달으며 지난 날 성당에서 낙태아를 위한 기도를 나름 바쳤다고 생각했다. 그러나 그 아기들의 영혼이 되어 깨닫지는 못한 것이다. 사람으로 태어나 보지도 못하고 이슬처럼 사라져 버린 영혼. 그 사나운 가위질에 쫓겨

절명해 버린 죽음. 마음으로 용서를 청한다.

고요히 바라본다.

감정에 사로잡히지 말아야 한다. 다만 바라보아야 한다. 얼마나 시간이 지났을까? 이때 큰 원이 나타난다. 원이 천천히 돌며 점점 커진다. 아주 거대한 원통 같다. 원통 밑바닥에 하얀 포대에 쌓인 아기들이 누워 있다. 위령제가 올려지고 아기들이 천천히 하늘로 올라간다. 가만히 지켜본다. 순간 회한의 눈물이 주르륵 흐른다.

그때 "땡~" 고요하고 깊은 종소리가 울린다. 명상 시간이 끝난 것을 알리는 종소리다. 눈을 떴다. 식당에서도, 산책 길에서도 나는 사람들을 바로 볼 수가 없다. 며칠 전까지만 해도 작은 꽃에, 맑은 개울 물에, 아름다운 단풍에 즐거워하던 이 길이 무거운 발자국이 새겨진 십자가의 길이 되었다. 뚝뚝 흐르는 눈물 콧물과 깊은 한숨이 힘든 발걸음 위로 켜켜이 쌓여간다. 순간 자갈 위로 나뒹구는 구멍난 낙엽 하나에 내 마음이 짠하게 박힌다. 어째 오늘의 내 모습이랑 이렇게 같아 보일까? 한 손에 낙엽을 들고서 소중한 이 순간들을 잊지 말자고 스스로에게 다짐한다.

담마 다섯째 날이다.

몸 가운데를 두고 양쪽으로 똑같이 기운을 흘려 보낸다. 담마의 놀라운 지혜에 이끌려 내 몸의 세포들이 하나씩 깨어난다. 눈을 감으면 호흡과 함께 그 옛날 보리수 아래로 와 있다. 까맣게 잊고 있던 기억 저편의 이념들이 파노라마처럼 펼쳐진다.

가만히 바라보기를 한다. 양쪽 어깨에서 뭔가 걸린다. 그것을 바라본다. 스트레스! 스트레스다. 언제나 나를 짓누르는 스트레스의 원인은 무엇인가? 자투리 시간에 나의 일을 하려고 하다 보니 스트레스는 가중되어 가고 작은 일에도 송곳 같은 마음이 되어 나를 찌르고 주변 사람도 찌르고 있다.

여기저기에서 튀어나오는 스트레스! 마음을 바라보며 이 숙제를 어떻게 풀어야 할까 가만히 바라본다. 스스로 탐구자가 되어 자신의 몸과 마음이 작동하는 원리를 조사하는 것 같다.

마음이라는 이 알 수 없는 물건은 우주의 어느 곳에서 시작되어 끝도 없이 방황하고 있는 것일까? 점점 더 마음이라는 신비롭고 묘한 이것을 탐구하고자 한다.

자신을 불완전한 것으로 볼 때, 우리는 완전한 것을 찾아 나설 수 있다. 그래서 물은 바다의 완전함에 이를 때까지 아래로 흐르고, 향수는 그윽한 향기를 갖고 있으면서도 스스로를 다할 때까지 대기 속으로 고루 스며드는 것이다.

담마 여섯째 날.

위에서부터 아래로 물처럼 막힘 없는 씻어 내리는 작업이 시작됐다. 흐름이 끊이지 않고 느껴지는 호흡이 참 기분 좋다. 다시 한 번 마음을 다지며 제3의 눈으로 나를 뚫어지게 응시한다.

목덜미에 걸리는 그곳을 바라본다. 남편과의 관계가 나타난다. 그림에 내 생각이 포개어지고, 우리 내외의 긴 그림 이야기들이 보인다. 하늘이 맺어 준 인연의 시작은 나는 그의 한쪽 팔이었던 것이다. 기쁘게 남편의 한 쪽 팔이 되어 줄 때, 비로소 풀려지는 큰 매듭을 본다. 이름 석 자를 위해 뛰어다닌 숱한 시간과 열정이 한 줌의 재가 되어 흩어진다. 또다시 씻어 내리는 호흡으로 돌아가 바라본다.

고요하게 바라본다.

왼쪽 눈 아래서 턱 하고 무엇이 느껴진다. 눈물! 슬픔이다. 나의 눈물 속에 아이의 눈물이 섞여 있다. 용서되지 않던 미움이 굳게 박혀 있는 눈 밑의 세포 아래서 떨고 있다. 그러나 이제는 모든 것이 이해된다.

고요 속에서 가만히 눈물을 바라본다. 눈물들이 보석이 되어 반짝인다. 우리에게 눈물이 없다면 다른 이의 아픔을 어떻게 알며, 영혼의 세척은 어떻게 할 수 있나? 그 눈물로 인해 모두들 성숙해 가고 있다. 이 순간들을 바라보며 스쳐 가는 작은 인연에도 못 박는 일은 절대 피해야겠다는 깨달음이 진하게 온다.

담마 일곱째 날이다.

　이 커다란 명상 홀은 모든 수련생들이 뿜어내는 회한, 눈물, 후회, 한, 슬픔들로 가득하다. 모두들 마음이 빚어 놓은 부정성을 녹이느라 바쁘다. 이렇게 마음이 묶어 놓은 한들이 우리 몸 구석구석 맺혀 있는 것을 실감하며 놀란다. 가슴이 아팠던 일은 가슴속에, 어깨에 진 짐은 어깨에, 슬픔은 눈자위에, 오만은 목덜미에, 공포는 등골에 있고 몸과 마음이 하나임을 깨닫는다. 심각한 독소들이 온 방을 채우고 있어 시간마다 환기를 하지 않으면 견디기 어렵다. 어느 때보다 내 몸은 지독한 냄새로 가득하다. 태어나서 양치질과 세수, 목욕을 이렇게 자주 한 적은 없다. 나 자신을 용서하고 다른 이를 용서하는 시간들이 영혼의 더러움을 씻어내느라 몸도 온통 진통을 겪고 있다.
　이제 나의 영혼은 새로운 돛을 달고 다시 낯선 세계로 항해를 시작한다.

담마 여덟째 날이다.

　점점 더 깊어지는 호흡으로 세포 깊숙이 잠재된 의식들을 하나둘씩 건져 올린다. 몸 전체를 씻어 내리는 완만한 흐름이 순조롭다. 더 천천히 예민하고 고요하게 평정심을 유지하며 바라본다.
　왼쪽 어깨 아래에서 넙적한 것이 걸린다. 알아차리는 시간이 조금씩 짧아지고 있다. 내려놓자, 내려놓자 하면서도 남편 명예에 대한 욕심과 나의

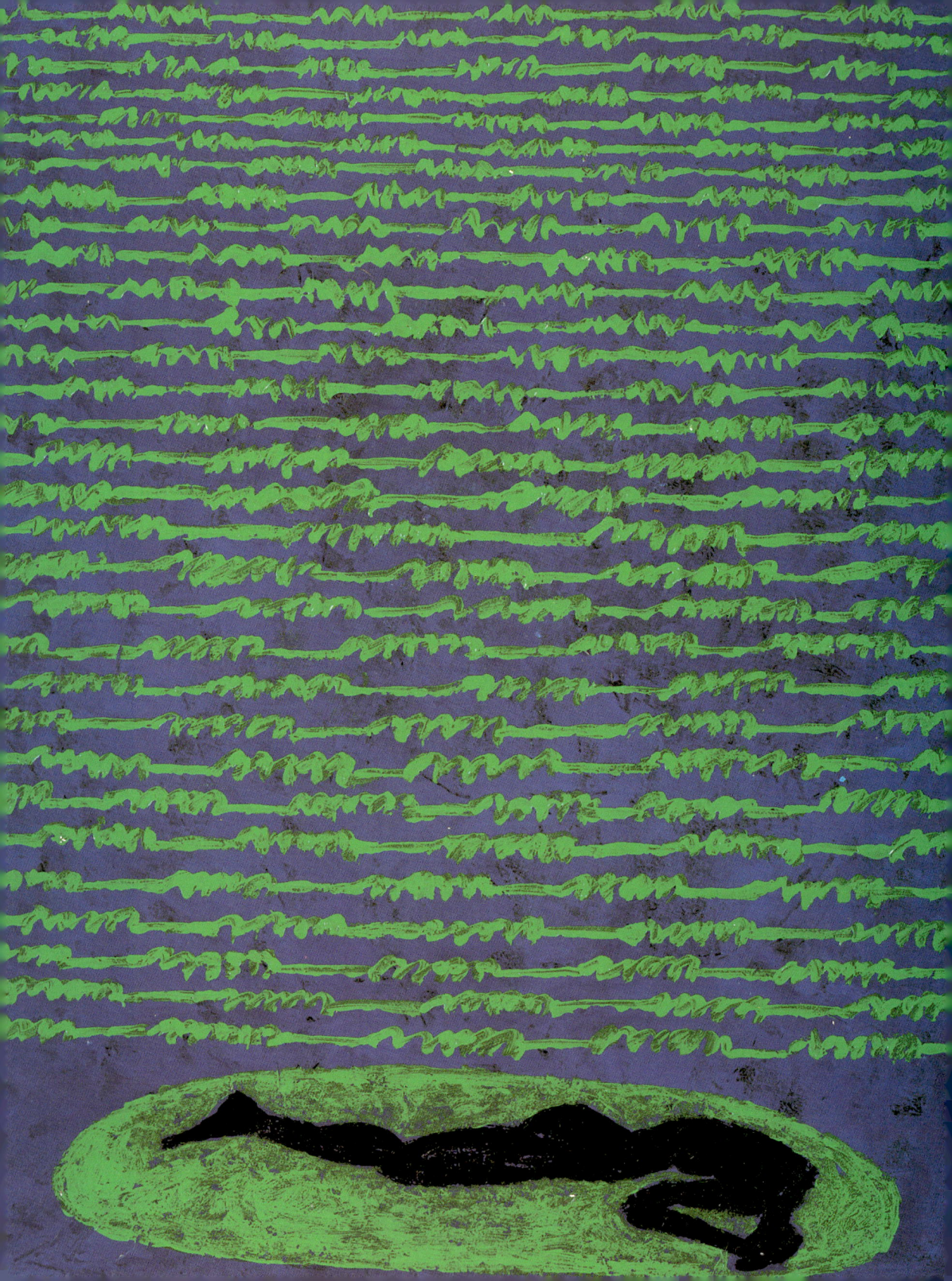

허영이 보인다. 그는 큰 운명의 기운을 가지고 태어난 사람이다. 세상의 경탄 뒤에 숨은 허무와 두려움을 나는 감히 생각지 못했다. 큰 그림자 속에 작은 사람이 있다. 멈추고 심호흡을 하고 바라보기를 계속한다. 스쳐 가는 깨달음의 순간.

그는 호랑이다. 호랑이는 홀로 강하게 살아가지만 외롭다. 스스로 택한 고독이다. 그의 고독을 외면한 채 어린애처럼 생각 없이 행동하는 나. 위선, 허영, 사치, 오만, 부끄러운 꼴들이 나타났다 사라진다.

감정을 자아로 여기면 안 된다. 나는 느낌이고, 느낌은 나의 것이라는 생각에 사로잡히지 말아야 한다. 모든 것은 변한다. 담마를 맛보면서 인간으로 태어나 이 놀라운 체험을 한다는 것은 큰 축복이다.

'무아'란 것은 변하기 때문에, '나'란 없다는 뜻이다. 이 가르침은 현실에 유익하고 실생활에 적용되며, 모든 이가 겪어본 일이다. 이 놀라운 지혜는 섬세하고 체계적이고도 과학적이다. 세상에서 가장 엄격한 심판관은 바로 자신의 양심. 즉, 내 가슴속에 사는 신이다.

담마 아홉째 날이다.

느낌을 알아차리고 고요하게 평정심을 가지고 있는 그대로를 바라보는 마음 공부. 오늘은 몸을 전체로 느껴 보는 과정이다. 고요히 평화롭게 호흡을 시작한다.

고요히 바라본다. 소리 없이 시간이 흐른다. 내 앞에 놓여 있는 남다른 자아가 촛물처럼 녹아내린다. 천천히 아주 천천히. 기름덩이가 녹아내리듯 무아경 속으로 사라진다. 내 몸이 사라져 버린 '무'의 상태다. 이런 경지를 실제로 맛보는 순간이 오다니… 벅찬 희열로 가슴이 터질 것 같다.

이제까지 정신의 불순물을 제거하느라 탈진한 나의 몸은 중증 환자와 같다. 온갖 독소가 뽑힌 구멍 난 몸뚱이를 슬픈 눈으로 바라본다. 폭풍이 휩쓸고 간 앙상한 뼈만 남은 몰골에 바짝 마른 입술과 너무 울어 허옇게 소금기에 절인 눈자위가 설겅설겅하다. 죄투성이, 상처투성이인 나를 용서하고 사랑해야 한다. 모든 것은 일어났다 사라지는 허상임을 깨달아야 한다. 있는 그대로를 놓치지 않고 바라보아야 한다. 현재의 삶은 모두 나 자신이 만들어 놓은 것임을 깨달아야 한다.

먼지를 볼 수 있게 해 주셔서 감사합니다.
이제는 내가
먼지에 불과하다는 것을
알게 해 주셔서 감사합니다
그래도 먼지가 된 나를
하루 종일
찬란하게 비춰 주셔서 감사합니다
햇살에게 - 정호승

담마 열흘째.

모든 존재가 평화롭기를..
모든 존재를 사랑하기를..
모든 존재가 고통에서 벗어나기를..

나의 사랑이 전해지기를..
나의 기도가 전해지기를..
나의 평화가 퍼져 가기를..

나 자신만을 향해 있던 에고의 마음이 바깥으로 향하고 기쁨을 나눌 때 하느님은 몇 배의 에너지를 우리에게 다시 보냄을 확신한다. 자신이 먼지에 불과함을 뼛속 깊이 성찰하고 회개하는 은총의 시간이 커질 때 밀려오는 기쁨을 어떻게 표현할까?

자기의 행복과 남의 고통을 바꾸지 않으면 참된 기쁨은 없다. 내가 아끼는 것을 내어 주고 남의 고통과 나의 이익을 맞바꾸는 것이다. 평등심으로 나의 이기심을 녹이고, 모든 존재에게 기쁨을 보내면, 그들도 좋아지고 나 또한 행복해진다. 살아 있는 모든 것이 나의 어머니이다.

4.
길 위의 이야기

아프리카 이야기

반딧불이가 만들어낸 눈부신 다이아몬드가 한없이 뿌려진 벌판에서 홀로 흘리는 눈물, 보이지 않는 큰 손이 눈물을 닦으신다.

고등학교 시절 타고난 목소리로 전교생을 소름 돋게 했던 단짝 친구 손쾌남. 경제 외교를 담당하는 남편을 따라 세계 곳곳을 다닌다. 마지막 발령지인 아비잔에서 잠시 돌아온 친구의 얘기를 듣느라 날이 새는 줄도 모른다. 궁금증이 만발하는 미지의 세계 아프리카.

아비잔의 바닷가 수도원으로 성당 식구들이 이틀 피정을 갔다. 시멘트로만 지어진 황량한 수도원이다. 수도원은 창살 달린 방들이 길게 들어서 있어 감옥을 연상케 한다. 바퀴 달린 엉성한 스프링 침대, 찌든 시트, 개인 모기장, 시멘트로 만든 책상이 전부인 방에는 도마뱀들이 기어 다닌다.

침묵 피정을 지도하시는 예수회 신부님. 상담은 글을 써서 제출한다. 언덕배기 수도원은 야자수로 빙 둘러쳐 있고 감옥소 같은 수도원 건물을 빼면 온통 잔디밭이다. 그 넓은 잔디밭 위에 덩그러니 놓인 두 개의 의자. 그곳이 고해소다. 마지막 고해성사를 하는 시간.

짙은 어둠이 내려앉는다. 친구의 차례가 되어 밖을 나서는 순간,

잔디밭에 온통 다이아몬드가 뿌려져 있다. 다물 수 없는 입, 놀란 눈, 어둠 속에 드러난 야자수의 실루엣과 멀리 바라보이는 바다, 흑청 하늘 위에 뜬 가는 눈썹의 초승달, 반딧불이가 다이아몬드가 되어 만들어내는 형언할 수 없는 사차원의 세계. 걸음을 뗄 때마다 물 파문이 일듯이 금가루가 움직이는 황홀한 마술. 가슴이 떨린다.

신부님 앞에 앉은 친구는 말을 잊어버렸다. 발 아래 펼쳐지는 빛의 전율로 온몸은 얼어붙는다. 이 엄청난 하늘의 축복 속에 무슨 말이 소용 있을까? 이미 모든 것을 베풀어 주시는데 더 이상의 고해성사가 무슨 의미가 있나? 친구는 심한 교통사고 후유증으로 힘든 시간의 터널을 지난 끝이다. 흘러내리는 눈물만이 그녀를 축복한다. 같은 순간, 같은 공간에서 공유한 특별한 만남.

말없는 용서와 자연의 치유는 어떤 것보다 강렬했다. 친구의 이야기 속으로 풍덩 빠진 나는 몇 주 후 아비잔으로 달려간다.

지려고 하는 커다란 붉은 태양을 등지고 긴 목의 기린이 발걸음을 뗀다. 둥둥 울리는 탐탐 소리가 기린의 목 위로 감긴다. 주술적 마법을 건 추장은 온 몸에다 붉은 문양을 새겨 놓았다. 방패 뒤로 몸을 숨기고 창을 던진다. 신나게 아프리카 다큐멘터리를 보는데 전화 벨이 울린다.

"데레사, 이곳은 성물이 아무것도 없어. 친구가 14처를 판화로 만들어서 가져오면 어떨까?"

친구의 제의를 흔쾌히 수락하고서 며칠 동안 아프리카를 꿈꾸며 혼자 그림 속으로 빠져든다. 드디어 아프리카 행 비행기를 탄다. 지구 저편에 있는 아프리카인지라 여정도 길다. 암스테르담에서 하루를 자고, 다시 작은 비행기로 갈아탄다. 작은 비행기를 타자 흑인 일색이다.

작은 비행기는 얼마나 열악한지 한 번의 주유로는 아비잔까지 갈 수 없다. 이름도 알 수 없는 작은 공항에서 주유를 한다. 덩그런 시멘트 벌판에 오직 한 대 서 있는 우리 비행기 앞으로 아주 긴 호스가 꿈틀거리며 달려오더니 주유를 하는 진풍경이 펼쳐진다.

버스도 아니고 비행기가 알몸으로 식사를 하다니….

드디어 아비잔이다. 컴컴한 불빛에 간이역 수준의 공항 속. 검역을 거쳐야 하는 곳까지 들어온 친구의 남편을 보면서 '그렇지 여기는 아프리카지.' 반가운 만남을 뒤로하고 차를 타는 순간 왈칵 토할 것 같다. 어금니를 깨물며 '이 무슨 냄새고?' 독한 겨드랑이 냄새가 코를 찌른다.

"이 친구야. 흑인들 냄새 많이 맡아 봤으면서 그라노. 코로 숨쉬지 말고 이빨 새로 숨쉬면 좀 나아 질끼다."

자동차 안 기사 한 사람의 냄새에 이 호들갑이다. 알록달록한 의상의 모델들이 거리를 가득 메우고 큰 나무와 야자수가 한데 얽힌 이색적인 풍경을 바라보며 가슴이 뛴다.

그러나 아비잔은 정치가 혼란했다. 내전으로 총소리가 가끔 들리고 외국인은 자유롭게 거리를 다닐 수 없었다. 이러한 제약도 나의 호기심 앞에서는 무용지물이다.

친구의 아파트 베란다 창은 시원하게 거리로 향해 있다. 길에는 덩치가 큰 가로수들이 고색창연하게 늘어 서 있다. 자세히 보지 않으면 큰 잎 사이로 마치 수많은 황금색 열매들이 주렁주렁 달려 있는 것 같다. 그러나 그건 모두 황금박쥐들이다. 붉은 해가 기우는 저녁이면 이놈들이 꾸룩꾸룩 떼 지어 날아가는 장관을 연출한다.

아! 아프리카에 왔다.

그녀는 모두의 중심에 있다. 친구는 이곳에서 성가를 가르치며 대장님이라는 칭호를 받고 있는 쾌활한 리더다. 대장님의 친구가 왔다고 환영 파티가 열린다. 적도까지 와서 함께 지내는 순수한 이들의 결속력이 대단하다. 선박업을 하는 쪼오 아저씨. 동글동글한 얼굴에 짧다란 다리, 멜빵 바지를 입으니 영락없는 개구쟁이다. 괄괄한 스테파노, 야실야실한 요셉, 후리후리한 마르티노. 그 곁에 있는 부인들 모두가 국화빵이다.

먼 바다에서 잡아온 대어를 장만해 푸짐한 잔치를 연다. 이곳에서 지낼 동안 필요한 일이 있다면 무엇이든 적극적으로 돕겠다며 엄명만 내리란다. 그러고는 대장님의 친구이므로 계급은 같은 대장이란다.

제일 먼저 흑인 누드 모델을 구하고 싶다고 하자 난색이다. 그냥 옷을 입힌 모델은 어떠냐면서 쪼오 아저씨가 눈웃음을 친다.

나는 고개를 젓는다. 그렇다면 어떤 스타일이 좋으신지 선별 작업부터 시작해 보자고 한다. 술시가 될 즈음 우리는 고급 술집으로 갔다. 신나는 노랫소리가 퍼져 나오고 원색적인 장식이 분위기를 띄운다. 잘 차려 입은 유럽 사람들 사이로 서비스를 하는 아가씨들을 훔쳐본다.

"쟨 어때? 저 애는?" 눈빛으로 가리킨다.

친구와 나는 남자들 마음이 이렇겠지 하며 박장대소를 한다. 이 재미난 경험은 두고두고 우리들의 얘깃거리가 된다.

예전부터 흑인들의 독특한 체형을 보면서 땅의 기운이 인간을 그렇게 만들었을 거라는 생각을 했다. 이곳에 와서 보니 그 짐작이 확연하다. 구름 낀 날씨여서 시원하게 민소매 티셔츠를 입고 다녔는데 다음날 얕은 화상을 입었고, 화장실의 비누도 습기와 열기를 견디지 못해 물에 퉁퉁 불려 놓은 것처럼 부풀어져 있고, 해변의 파도는 집채만하고, 거대한 나무와 작열하는 태양, 지나치게 고운 모래, 적도가 만들어내는 환경은 모든 게 극단적이다. 그런 세찬 기운이 인간의 근육도 발달시킨 걸까?

너무 뜨거워 생명력이 분출되었나? 어쨌든 인간이 자연에 동화된 것이 실감난다. 많은 모델 중 개성적인 한 여인을 선택한다. 그다음은 쪼오 아저씨의 역량에 달렸다. 집으로 찾아온 그녀. 컴컴한 술집에서 볼 때보다 더 매력적이다. 적당히 검고 반짝이는 피부와 유난히 큰 눈은 슬픔을 담고 있고 새끼처럼 꼰 머리를 뱀이 똬리를 튼 것처럼 쏘아 올렸다. 프랑스어가 수준급인 친구가 이것 저것 물어본다. 놀란 그녀, 벗는 것은 안 된다며 큰 눈이 더 커진다.

몇 차례의 심사는 성사되지 않고 친구와 난 한 집에 있는 메이드인 로즈에게 동시에 눈길을 보낸다. 대학 졸업을 한 로즈, 깊숙한 눈매와 균형 잡힌 얼굴이 지적이기까지 하다. 나는 언제든 좋은 시간을 이용할 수 있고 그녀는 돈 벌어서 좋고 우리는 합의를 한다. 등잔 밑이 어둡다고 모델을 집에 두고 생고생을 했다.

다음 차례는 꼬꼬디에 가는 일이다. 꼬꼬디는 골동품과 잡화를 파는 우리의 인사동 같은 곳이다. 아프리카 골동품이 산처럼 쌓인 좁고 어두컴컴한 가게를 지나려면 여간 강심장이 아니면 안 된다. 섬뜩하게 강한 작품들이 뽀얗게 먼지를 뒤집어 쓰고 있다.

"마담, 마담" 하고 불러대는 장사꾼들에게 휘둘리지 않으려면 약간 오만한 태도라야 한다.

언젠가 호암 갤러리에서 대대적인 아프리카 조각전이 열렸다. 그때 나

는 처음으로 아프리카 작품을 접했다. 서구 현대 미술의 지대한 영향을 미친 아프리카 미술의 힘은 대단하다. 강렬하고 모던한 작품들에 충격적인 감동을 받고 남편에게 가면 하나만 사 달라고 졸랐다. 그것이 출발점이 되어 지금은 아프리카 작품들을 많이 가지고 있다.

이곳에서 작품들을 보니 이미 좋은 것은 외국으로 다 빠져나가고 요즘 만든 가짜들이 판을 친다. 씁쓸하다. 그런데 가뭄에 콩 나듯 좋은 작품이 구석에 쳐 박혀 묻혀 있다.

장사꾼은 가치도 모르고 새로 만든 작품 설명에만 열을 올린다. 우리는 다른 엉뚱한 것을 물어대다가 지나치듯 슬쩍 가격을 묻는다. 상상치도 못할 싼값으로 흥정을 하고 휘파람을 분다. 역시 아프리카다. 가게 바로 곁에는 아프리카 의상들이 즐비하게 진열되어 있다. 가격도 너무 싸서 이것저것 마음에 드는 무늬들을 고른다.

신나게 돌아온 우리는 로즈에게 공주처럼 옷을 입혀 본다. 그런 후 로즈와 나는 조율의 시간에 들어간다.

"로즈, 조금만 어깨를 내리면 안 될까?"

"다리도 조금 더 보여야 어울리겠는걸?"

"뭔가 더 강렬한 눈빛이 좋아."

점차 반라가 되어가는 로즈. 새 옷을 입어 보는 것도 즐겁고, 모델이 되어 자신의 모습이 슬슬 나타나는 색다른 경험도 나쁘지 않은지 점점 적극적인 태도가 된다. 모델과 한 호흡이 되어 그리는 이도 그려지는 이도 경계가 사라진다. 꼬꼬디에서 행운으로 만난 앤틱들과 로즈를 포개어 그리기도 하고 아프리카에서만 볼 수 있는 커다랗고 야생적인 악마 같은 꽃과도 오버랩해 본다.

한 장, 두 장, 그림들은 쌓여 간다.

바다와 땅이 격렬한 몸싸움을 벌이는 현장으로 간다. 가는 길목, 코코넛 나무가 끝없이 좌우로 펼쳐져 있다. 나무들의 끝은 도대체 어딜까? 상상할 수가 없다. 그 중간에 남겨진다면 저 미궁 속에서 어떻게 빠져나올지 상상만 해도 소름이 돋는다. 아니나 다를까 몸서리치는 얘기가 기다리고 있다.

아비잔에서는 어느 날부터 아이들이 실종되는 사건이 종종 일어난단다. 아이는 한쪽 다리가 잘리고 코코넛 나무 숲으로 빵 한 덩이와 함께 경비행기에서 낙하된다. 그러면 이 밀림에서 도망칠 수도 없고 노예가 되어 평생 코코넛을 딴다고 한다. 코코넛은 버릴 게 하나도 없다. 음료로, 과자로, 땔감으로 완벽한 자원이다. 그래서 아프리카에는 코코넛 재벌이 많다. 야자수 숲에서 빠져나올 즈음 우리는 천연 화장실을 이용하려 으슥한 데로 들어간다. 그때 어디선가 뒤뚱뒤뚱 오리가 나와 "니들은 누구니?" 하며 계속 쳐다보는 꼴이 생뚱 맞다. 아? 그런데 다음 닭들이 나오더니 꼭 같은 꼴로 "니들은 얼굴이 왜 이래?" 하며 갸우뚱 갸우뚱 한다.

다음 차례는 염소들이다. 정말 기분이 나쁘다. 동물들에게 희롱 당하는 누렁이들. 색깔이 다른 인종을 처음 보나 보다. "야, 우리 기분 상해, 그냥 간

대이." 하는 수 없이 우리는 계속 달리기로 한다. 하! 하! 하! 아프리카니까 용서하자.

바다와 강이 만났다. 골짜기의 물이 강에 닿았고 대침묵의 바다에까지 온 이 물을 바라본다. 그러나 이곳의 바다는 침묵의 반대 편에 서 있다. 강기슭을 따라 외국인 전용 시설들이 고급스럽게 들어서 있다. 그곳에 대치되게 흑인 아이들이 두 팔에 목도리랑 옷들을 가득히 두르고 따라다닌다. 움직이는 가게다. 커다란 눈망울로 애타게 바라보는 눈동자와 마주칠까 두렵다.

화려한 삶과 극명하게 대비되는 이곳의 가난은 어디서부터 시작했을까? 커다란 이들의 숙제가 가슴을 쿡쿡 찌른다. 보트를 타고 강물을 건너니 가슴이 뻥 뚫린다. 집채만한 파도가 넘실거리는 해변이 나타난다.

끝없이 펼쳐진 야자수 그늘 아래 정교하게 밀짚으로 방갈로를 만들어 놓았다. 이들의 손재주는 어디에서나 발휘되어 가는 곳마다 작품이다. 시원한 파도는 유럽인들의 레저용으로 일급이다. 바로 눈 앞에서 윈드 서핑을 하는 네덜란드 젊은이들은 가족이 함께 왔는지 아이도 있고 커다란 개까지 데리고 여유로운 휴가를 즐기고 있다. 그들의 신기에 가까운 곡예를 넋 놓고 바라본다.

발 아래 부드러운 모래를 만져본다. 밀가루보다 더 곱다. 거센 파도가 뜨겁게 땅을 핥아대니 모래도 견딜 수가 없나 보다. 지금까지 보아온 모래 중 가장 작고 곱다. 이스라엘 사해의 모래보다, 남태평양 세븐틴 마일의 모래보다, 크레타 섬의 모래보다 곱다.

밟을 때마다 뽀드득 뽀드득 소리가 난다. 뜨거운 햇빛은 모래를 더 못 견디게 하나 보다. 지구의 기가 펄펄 끓어 오르는 적도의 해변은 이토록 극렬하다. 그런데 갑자기 믿기지 않는 그림이 나타난다. 긴 갈색 갈퀴를 날리며 해변을 달리는 말은 꿈결인 듯 반대쪽으로 사라진다. 저 인간은 갑자기 어디서 등장한 걸까? 환영처럼 해변에 나타난 전령사. 잠깐 이곳이 인간계가 아닌 듯 마치 먼 별나라에서 온 것 같다. 해변에서 놀고 있는 귀여운 꼬마를 불렀다. 유난히 눈이 크고 해맑다. 크로키를 몇 장하고 몇 푼을 주니 어디선가 아이들이 구름 떼처럼 나타나 마담, 마담 불러댄다. 단호히 끊지 않으면 찰거머리처럼 괴롭힌다니 얼른 도망간다. 바다 속으로 잠겨 드는 거대한 붉은 해를 바라보며 또 하루가 간다.

땅은 검붉고 태양은 이글거리나 아이의 뱃가죽은 등에 닿아 있다. 퀭한 눈은 창공을 바라보고 있다. 윙윙거리는 파리 떼는 무얼 달라고 아이를 조르나?

친구는 고아원 아이들을 위한 봉사도 하고 정기적으로 먹거리를 제공하고 있었다. 오늘은 그들을 위해 시장을 보러 간다. 원주민들이 활발하게 움직이는 시장에는 위험이 도사리고 있다. 그래서 한국인들은 가지 않는다. 기사를 대동하고 민첩하게 장을 본다. 삶의 에너지가 넘실거리는 시장이다. 코를 찌르는 냄새도 호기심이 눌러 버린다. 시장 통을 획 도는 순간, 한 여자아이가 내 눈에 불을 당긴다. 똥머리를 길게 꼬아 은빛 가루를 범벅하여 뿌렸다. 검은 얼굴에 커다란 눈은 불만이 가득하다. 소매 없는 흰 티셔츠를 입고 유난히 길쭉한 팔로 턱을 괸 소녀의 모습이 확 나를 당긴다. 전류가 쉽게 나오는 게 아니므로 기회를 놓칠 수는 없다.

"깨야! 저 아이 그려 볼 수 없을까?"

친구가 옆에 있는 아줌마에게 말을 건다.

어디서 나타났는지 굵은 떡대의 아줌마가 자기가 엄마라며 안 된다고 한다. 방법을 다시 찾아본다. 자기를 그리면 싼 값에 모델이 되겠단다. 이 여자를 어쩌지?

조그만 동양 여자들이 나타난 게 궁금한지 술렁이며 사람들이 모인다. 그냥 사진이나 한 장 찍자고 하자, 그 엄마는 커다란 바나나 잎으로 딸을 획 가린다. 아이의 영혼을 빼앗아 가려느냐고 고함을 지른다. 갑자기 험한 소리에 놀란 친구는 "얼른 뛰어." 하며 달린다. 3개월에 한 번씩 공포스러운 내전이 일어나는 곳이라 재수 없는 일에 휘말리면 언제 어느 곳에서 사라질지 누구도 알 수 없다고 한다. 숨이 턱에 차도록 세워 둔 차로 달려간다. 시장은 보지도 못하고 쫓기다시피 올라탄 차에서 나는 갑자기 화가 난다.

"야! 우리 다시 가자."

앞 뒤도 모르고 망둥이처럼 설쳐대는 나를 보고 친구는 아연실색을 한다.

"너 정말 총 맞아 죽으려고 그래?"

"죽으면, 죽지 뭐." 하며 나는 기어이 대녀와 함께 거리로 나간다. 차 속에서 보던 길을 유유자적 걸으니 속이 시원하다. 유난히 굵은 가로수 아랫둥지는 모두 흰색 칠을 했다.

아비잔에서 가장 인상적이었던 성당으로 간다. 배 모양으로 만든 이 건물은 프랑스인이 설계했다. 실내는 스테인글라스로 가득하다. 유리의 색이 뿜어내는 향연은 더운 날씨조차 밀어낸다. 미사 중의 성가는 아프리카 리듬이다. 탐탐을 두드리며 만들어내는 노래는 저절로 신명을 불러일으킨다. 학생 신부님도 리듬을 타느라 땀에 젖은 옷이 단단한 근육에 붙어 실룩인다. 바깥으로 나온 우리는 이곳을 기념하려고 꺼벙한 아저씨에게 사진을 부탁한다. 처음 카메라를 만지는지 어색해 하기에 여기로 보고 요렇게 누르라고 가르쳐 준다.

포즈를 취한다. 씩 웃더니 바닥 쪽으로 렌즈를 대고 누른다. 우리는 웃으며 다시 가르쳐 준다. 아! 하며 활짝 웃는다. 또다시 포즈를 취한다.

카메라를 처음 봤기 때문에 이게 찍으면 어떻게 되는 건지 모르는 아저씨. 카메라는 또다시 아래로 내려간다.

우리 모두 웃는다. 각자 한 장씩 따로 사진을 찍고 나서도 하도 웃어서 배꼽이 아프다. 시간은 흘러가고 그곳에서 가발 공장을 하는 교우의 추천으로 그곳에서 일하는 아이들 중 마음에 드는 아이를 그린다. 또 아비잔의 신부님 방으로 놀러가 신부님도 그려 본다. 처음 모델을 서 보는 신부님. 어색하여 눈을 어디에 둬야 할지, 손은 어떻게 해야 할지, 검은 얼굴 위로도 볼이 빨개진다. 한국에 대해 궁금한 걸 묻느라 모델이 된 건지, 기자가 되신 건지

도대체 알 수가 없다. 그 사이 로즈와 함께하는 그림들도 쌓여간다.

나의 모델은 드디어 농익은 과일이 되었다. 자연스런 포즈에 깊이 빠져 자기만의 색을 뿜어낸다. 숨어 있던 끼가 점차 발휘되고 있다. 이곳을 다녀온 그림들로도 전시장 하나가 가득할 것 같다. 선명한 주황색 옷으로 치장한 풀장에서 만난 귀여운 도마뱀, 걸어가는 포즈도 채플린 같아 웃음을 자아내는 훌륭한 모델이다. 곳곳에 만난 신기하게 생긴 나무와 원시적이고 야생적인 꽃들, 짚으로 만든 집들, 형형색색의 과일, 모두 그림의 훌륭한 소재다.

불행한 이들의 삶과 탁한 공기, 열악한 환경과 냄새, 무덥고 습한 기후, 불안한 정치까지 더해져 힘든 이들을 방관자의 시선으로 바라보는 나는 죄인이다.

떼돈을 벌게 해 주겠다는 말에 속아 연변에서 이곳까지 오신 아저씨들, 돌아갈 비행기 표조차 없다고 한다. 목사 사모님과 주변에서 한국 농사를 한 번 지어 보라고 권한다. 늪지대의 동물 움막 같은 집에 살면서 지은 농사마저도 기후가 맞지 않아 엉망이 된다. 그 엉성한 채소나마 교회가 사 준다. 겨우 연명만 하는 그들은 드디어 병까지 심하게 들었다. 불쌍한 그들을 돕는 목사 사모님과 함께 친구는 일주일에 한 번씩 그들이 먹고 지낼 수 있는 양식을 사다 나른다.

힘든 사람을 보면 천성적으로 가슴이 아파 견디지 못하는 친구는 이곳에서 사람답게 살아가는 나눔을 실천하고 있다. 그래서 작은 체구지만 큰 그릇인 친구가 더 좋다.

다음날에는 이곳에서 주물작업, 염색, 조각 등 수작업을 하는 공장에 간다. 간단한 원시적 도구를 사용해 물건을 만들지만 완성된 작품들은 매무새가 뛰어나다. 이들의 손재주가 놀랍다. 불로 만드는 작업들도 밀납을 사용한다. 단순한 재료들로 정교한 작품들이 탄생된다.

삭막한 자연에서는 인간은 재미난 장난을 할 수밖에 없나 보다. 기상천외한 아프리카 조각들은 밋밋한 자연과 별다른 산업이 없는 그들에게 필연적으로 탄생할 수밖에 없는 유희인 것 같다. 드디어 작별의 시간이다. 친구 집에 모인 성당 식구들, 짧은 시간과는 상관없이 진하게 함께 정을 나누었던 이들, 특별한 땅이 주는 결속력이 우리를 더 쉽게 하나로 엮었다. 뻔히 알고 있는 이별의 시간임에도 먼 거리만큼 더 아쉽다. 정들었던 이들의 얼굴을 한 장씩 스케치해 보기로 한다. 그러다가 장난끼가 발동한다. 파스텔이 듬뿍 묻은 손으로 얼굴을 닦아 주는 척 하며 쪼오 아저씨께 고양이 수염을 그린다. 모두 수염이 생겼다. 수염을 지우는 사람은 벌금을 받기로 한다!

이곳은 아프리카! 우리도 아프리카 식으로 이별을 하자!
고양이 수염을 한 우리는 고양이가 된 해방감으로 기어서 거리로 나간다. 오늘밤이 마지막 밤이므로 왠지 용감해진다. 천장이 없는 현지인 식당에

서 별을 보며 맥주잔을 부딪힌다. 모두 나사가 풀린다. 이상한 나라의 앨리스가 날아와 모두 이상한 나라로 날아가네. 이곳에 머물게 된 그들에게 왜 사연이 없을까? 약간의 알코올은 모두의 벽을 허물고 여기서 부둥켜안고 저기서 얼굴을 비빈다. 평소에 볼 수 없는 풀린 모습이 안쓰럽기까지 하다.

모두들 삶의 끈을 단단히 묶고 열심히 사느라 이런 모습을 보인 적이 없다. 아니 일부러 꽁꽁 숨겨 놓았다. 뚜껑 없는 화장실에서 "언니, 왜 우리들 가슴에 불을 질러" 하며 부둥켜안고 흐느낀다.
"야야, 내가 몹쓸 짓을 했네, 용서해라."
"아니야, 언니. 우리 모두 한 번은 이렇게 풀어야 해. 정말로 고마워. 그런데 왜 저렇게 별은 가까이에 있는 거야. 엉엉."
둘이 엉키다 넷이 되고 넷에서 여덟이 된다. 도통 화장실에서 나오지 않는 여성 동무를 의아해 하는 남자들. 하나 둘 그곳으로 온다. 뚜껑 없는 화장실 위로 촘촘히 박힌 별들이 이 별난 광경을 보고 웃느라 별의 그물망이 울렁울렁거린다.

화장실 진풍경을 본 모두는 큰 덩이가 된다. 고양이들은 아프리카 음악 소리에 맞춰 둥그렇게 원을 만든다. 누런 아프리카 고양이들이 이별의 시간을 아쉬워하며 흐느적흐느적 까치발로 춤을 춘다. 그렇게 우리는 아프리카식 이별을 했다. 폭풍을 몰고 온 친구 탓에 나의 친구는 내가 가고 난 다음

말라리아에 걸려 죽음의 문턱을 넘었다. 이 몹쓸 인간이 죽을 죄를 졌다.

눈빛만으로도 속내를 읽을 수 있는 친구가 있다는 것은 가장 큰 축복일 것이다. 무엇과도 바꿀 수 없는 소중한 친구를 선물로 주신 주님! 이 뜨거운 감사를 받아 주소서!

실크로드 이야기

병령사

2011년 7월, 윤범모 선생님과 함께하는 실크로드, 파미르, 간다라 장정에 나섰다. 서안에서 출발하여 천수, 난주, 돈황, 투루판, 쿠얼러, 쿠차, 호탄, 카슈가르, 파미르, 카라코람, 훈자, 길기트, 탁실라, 이슬라마바드, 라호르를 거치는 여행이다. 지구의 심장을 관통하는 듯 깊숙한 원시 벨트를 지나며 광활한 성지를 지나고 있음을 실감한다. 우리는 어느새 유가협 댐에서 쾌속 보트를 타고 어머니 강으로 불리는 황하를 따라가고 있다.

바다와 강이 만나는 곳에서 물빛이 두 빛깔로 나뉘어져 있다. 누런 흙빛과 밝은 바다색이 커다란 띠를 두른 듯하다. 보트를 타고 망망한 강과 주변

산들을 바라보며 두 시간이 지났을 때쯤 커다랗게 반원을 도는 순간, 갑작스럽게 믿기지 않는 절경이 불쑥 나타난다. 중국 산수화에 나타나는 산보다 더 감동스런 웅대한 산들이 눈앞에 펼쳐진다.

우리들은 배가 기우는 것도 무시한 채 흥분해서 셔터를 누르기에 여념이 없다. 병령사에 가기 위해서는 해마다 한번 물이 불어나는 시기에 강을 거슬러 올라가는 길밖에 없다고 한다. 험난한 협곡에 거대한 댐이 가로놓여 있기 때문이다. 배가 닿자 마자 우리들은 들뜬 마음으로 내렸다.

거짓말 같은 산수를 놀라운 눈으로 보고 또 바라본다. 에메랄드 빛 강물과 하얀 백사장이 장대한 산을 더 두드러지게 만들고 있다.

병령사는 1500년 동안 만들어졌다고 한다. 석굴과 감실의 수는 183개이고 크고 작은 석불과 석상은 헤아릴 수도 없이 많다. 암벽을 깎아 새겨 놓은 거대한 대불의 크기는 압권이다. 산 크기만하다. 대불 양쪽에 놓여 있는 석굴의 작품들은 신비로운 색감이 아직도 그대로 살아 있다. 빼어난 자연 풍광과 어우러진 예술품들을 감상하느라 일행들은 뿔뿔이 흩어졌다. 넓은 자연의 품 안에서 옛 장인들의 솜씨를 구경하느라 정신이 팔려 있을 때 매 한 마리가 후루룩 날아간다.

갑자기 깊어진 고요.

석굴에 새겨진 붓다의 얼굴 하나 하나에 묻어 있는 무구한 아름다움에서 환희가 피어나고 지고의 행복이 보인다. 구멍 난 바위 너머로 보이는 부처님의 미소, 바람이 날라주는 꽃잎의 향기, 새들의 재잘거림, 작은 생명들이 바스락대는 소리가 고요히 앉은 내 안을 가득 채운다.

마흔이 지난 어느 때부턴가 내 마음에 뭔가 절실함이 생겼고 그 절실함이 내 삶과 작업을 지탱해 왔다. 세상의 틀로는 재단할 수 없는 깊은 우물은 누구에게나 있다. 비록 초라하고 가벼운 것일지라도 자신의 것이기에 소중한 것. 산산이 조각난 거울일지라도 그걸 모아 비출 수 있는 것이 인생이 아닐까? 나의 몸 안쪽에서 꺼낸 언어들이 삶 속에 포개어져 그림이 되었다. 나의 열정이 더해져 누군가의 마음을 흔들 수 있다면 그림은 절로 신이 날 것이다. 내 스스로의 영혼을 울리는 것들로부터 나만의 것을 증류하여 그림은 탄생된다.

가끔은 삶의 속박에 지친 내 안의 내가 자연의 품에서 나를 다시 살게 하는 근원을 생각하라고 한다. 작은 들풀에, 풀벌레 울음 소리에, 소나무 향기에 몸을 맡긴다. 나의 휘어진 등을 단단한 소나무에 기대어 보라는 음성을 듣는다. 은밀한 이 소리들은 귀 있는 자만이 들을 수 있는 미세한 신의 음성과 같다. 겸손하고 낮게 살아가라는… 나는 내 안을 가득 채운 작은 생명의 바스락대는 소리에 귀 기울인다.

명사산

불교 미술의 보고인 돈황의 막고굴을 보고 티끌 하나 없는 모래 사막의 명사산으로 간다. 꿈에 그리던 사막다운 사막을 드디어 본다. 들뜬 마음은

어린애처럼 쿵쾅거린다. 우리 일행은 낙타 사파리를 시작한다.

모자에 선글라스에 마스크로 무장하고 신발 위로 주황색 천으로 된 긴 덧신을 신고 한 사람씩 낙타에 오른다. 벌써 많은 여행객들의 행렬이 모래 언덕 위에 길게 늘어져 있다. 내 파트너가 된 낙타에게 고삐를 잡지 않은 한 손으로 뺨을 어루만지며 마음으로 얘기를 나눈다. 만나서 반갑다고 좋은 친구가 되자고.

낙타 등에서 출렁이는 움직임은 나의 등으로 전달되어 나도 출렁인다. 우리는 자연스럽게 한 리듬을 탄다. 시원한 직선과 곡선. 사막이 만들어내는 절묘한 선들의 대작을 가슴 벅차게 바라본다.

갑자기 나타난 사막의 모래 바람은 모래 산의 꼭짓점을 순식간에 사라지게 한다. 요술과도 같다. 저 먼곳에서 낙타를 타지 않고 사막을 가로질러 오르는 사람들이 보인다. 점처럼 작은 인간들이 용기 있게 도전하는 모습이 좋다. 딸이 듣고 있던 아이폰을 빌렸다. 이 극적인 사막에서 듣는 바흐의 무반주 첼로 모음곡 1번은 내 감성의 모든 세포들을 열어 준다. 모래 바람은 첼로의 리듬을 타고 사막의 능선을 따라 무한의 공간을 연다. 음악이 인간에게 선물하는 엄청난 세계다.

냄새도 더위도 고통도 어느새 다른 곳으로 옮겨 놓는 이 마술의 위대함이여! 자연이 만들어 주는 에너지와 음악이 뿜어내는 에너지가 상승 작용을 하여 마법에 걸린 듯 신비롭고 환상적인 세계에 흠뻑 취한다.

바로 이 순간에 바흐의 무반주 첼로가 내 앞에 오다니! 하느님의 작품과 인간의 작품이 만나는 절정의 순간. 이 황홀한 스파크를 어떻게 잊을 수 있을까?

긴 행렬을 따라가는 낙타에게 간간이 사인을 보낸다. 이 녀석 빨리 가자는 줄 알고 좁은 길을 앞지르려 한다. 위로 올라갈 때마다 바뀌는 강렬한 풍광들을 마음에 간직하며 낙타의 높은 등에서 내려 아쉽게 모래 위에 선다. 함께해 준 낙타의 순하디 순한 눈을 바라보며 작별을 한다.

명사산을 굽이돌면 믿기지 않는 풍경인 월아천이 보인다. 사막 한가운데 큰 물웅덩이가 있고 그 곁에 우아한 지붕을 가진 커다란 정자가 나타난다. 사막과 정자와 초승달 모양의 웅덩이. 만나기 힘든 조합이 만들어내는 작품이다. 사라지려는 석양을 배경으로 만든 놓칠 수 없는 비경을 찍기 위해 우리는 열심히 셔터를 누른다.

건너편에 모래 썰매를 즐길 수 있는 기구가 있다. 모래 언덕에는 나무로 엮은 계단이 있다. 원하는 사람만 올라간다. 거대한 자연은 눈에 보이는 대로 착각하면 큰코 다친다. 실제로 올라가보면 엄청난 거리다. 높지 않게 보여 쉽게 손을 들었는데 막상 오르니 아래가 까마득하다. 중간에 포기할 수도 없고 위만 바라보며 끝까지 오른다. 이걸 해 내지 못하면 인생의 낙오자라도 될 듯이 이를 악물고 오른다.

나는 내 안의 적과 싸워야 한다. 나를 시험대에 올려놓고 인내를 시험해 보는 시간이다. 드디어 정상에서 나무로 엮어 만든 썰매를 타고 반쯤 누운 자세로 미끄러진다. 양손으로 균형을 맞추고 모래를 쓸며 내려가는 순간, 짜릿하다. 우리는 한 사람씩 내려갈 때마다 박수를 치며 어린애처럼 즐거워한다.

모래 산과 한 몸이 되어 즐긴 한나절로 눈도, 코도, 귓속도 온통 모래 세례를 받았다. 그러나 이 순간의 추억은 아주 오래도록 몸 깊숙이 남아 있을 것이다.

타클라마칸 사막

실크로드 여행 중 가장 강렬한 기억의 타클라마칸 사막! 한 번 들어가면 나올 수 없는 사막! 돌아오지 않는 땅! 자연이 100% 벌거벗은 몸을 다 드러내놓은 곳. 타클라마칸 사막!

중국의 1/6, 남한의 3배가 넘는 거대한 사막이다. 지금은 잘 닦여진 도로를 가다 보면 끝없이 펼쳐진 도로 옆에 ㅁ 자형으로 잘린 갈대 카펫이 열 개 층으로 십자를 만들며 한없이 나타난다. 경사진 ㅁ자 갈대 카펫 위엔 1m 정도로 잘린 갈대가 병풍처럼 끝도 없이 펼쳐져 있다. 이 묘한 풍경이 궁금해서 묻는다.

사막의 모래 바람이 도로를 휩쓸면 도로는 순식간에 묻힌다. 그래서 1차로 잘린 갈대에서 모래가 걸러지고 또 한 차례 ㅁ자 갈대 카펫이 걸러내므로 도로가 유지된다고 한다. 이 거대한 사막에 어마어마한 인력을 동원해 도로를 만들어 낸 기적은 과연 만리장성을 만들어 낸 중국인들의 대업이다.

우리가 탄 전용 버스엔 두 분의 기사가 탄다. 이 엄청난 도로를 한 사람이 감당할 수 없기에 교대로 운전하기 위해서다. 이 특별한 자연은 내게 한없는 호기심을 불러일으킨다. 끝없는 모래 언덕, 모래를 달구는 뜨거운 태양, 휘몰아치는 건조한 바람, 낙타를 타고 간다지만 이 열기를 식힐 그늘은 어디에도 없다.

 옛날에 이 길을 걸었던 선지자들은 사막의 밤, 그 시간에만 별을 보며 걸었을까? 돌아오지 않는 땅에서 미라가 되어 뒹구는 시체를 보면 어떤 마음일까? 사막의 열기들이 모여 밤이면 울리는 칼 바위 협곡의 굉음은 얼마나 굉장할까?

 또 이 사막에는 회전초라는 풀씨가 굴러다닌다고 한다. 이 식물은 사막 속을 몇 년이고 굴러다니다 물 기운을 만나기만 하면 다시 싹이 터서 뿌리를 내리고 노란 꽃을 피운다고 한다. 거기서 다시 씨앗이 나오고 …

 사막만이 만들 수 있는 상상의 나래를 펴며 바깥 풍경을 보다가 묘한 기분에 빠진다. 지평선 위로 아무것도 걸리는 것이 없다.

 얼른 뒷좌석으로 자리를 옮겨 커튼을 올린다. 아! 360°의 지평선이 빙 둘러 펼쳐진다. 그야말로 지구의 맨 살인 거다. 믿기지 않는다. 어느 한 곳도 막힘 없이 사방이 끝없는 지평선이라니! 이 기막힌 순간에 명상을 해 보자. 모두들 피곤에 지쳐 잠들고 오직 기사만이 백미러로 웃음을 건넨다. 천천히 눈을 감고 의식을 내려놓는다.

 얼마나 지났을까? 덜컹대는 소리도 어느새 사라지고 온몸을 감싸는 짜릿한 기운. 끝없이 이어지는 사막! 사막! 사막! 사막은 영원에 닿아 있다. 하

늘은 크고 지평선은 끝이 보이지 않는다. 이 거대함 속에 나는 너무도 작다. 먼지인 나를 자각한다. 고요 속으로 호흡을 따라 마음의 끈을 완전히 내려놓는다.

무한대로 펼쳐진 끝없는 사막 한가운데서 나의 몸은 버스를 이탈하여 커다랗고 투명한 공 속에 떠 있다. 사막을 표면에 두른 큰 공과 내가 앉아 있는 투명한 공이 팽팽한 기운으로 허공에 떠 있다. 거대한 자석이 당기는 것 같다. 나는 나의 의지로는 조금도 움직일 수가 없다. 불가항력의 기운이다. 꼼짝도 할 수 없는 강렬한 기운에 깜짝 놀라 번쩍 눈을 뜬다.

잠깐 사이 환영을 본 것일까? 그러나 온몸을 관통하는 이 묵직한 기운은 무엇일까? 어떤 것으로도 표현할 수 없는 이 느낌을 떨쳐내며 차창 밖을 바라본다.

갑자기 사방이 컴컴해지며 사막에 바람이 인다. 해는 빛을 잃고 달로 바뀐다. 짙은 안개 속처럼 휘몰아치는 모래 바람으로 인해 바로 앞도 보이지 않는다. 대자연이 만들어 내는 공연을 넋 놓고 본다. 빛과 어둠이 혼재하며 드러내는 바람의 마술. 마법에 걸린 듯 세상은 요동치며 환각적이고 수수께끼 같은 미궁의 세계를 창조해 낸다. 보이지 않는 존재가 거대한 사막을 무대로 큰 날갯짓을 하는 것 같다.

한참을 달리다 보니 언제 그런 일이 있었느냐는 듯 햇살이 뜨겁다.

버스 속의 일상으로 우리는 돌아왔다. 하루 종일 버스로 사막을 달려야 하므로 점심은 차 안에서 즉석으로 만든다. 가져온 양념으로 즉석 김치까지

만드는 솜씨에 탄복한다. 모두가 한마음으로 만든 음식들이어서 즐겁게 식사를 한다.

　식사 후 생리 현상을 해결하기 위해 차에서 내린다. 세워 놓은 차를 중심으로 오른편은 여성용, 왼편은 남성용 화장실이 된다. 밀가루보다 고운 눈부신 모래 언덕을 어린애처럼 뛰어올라 시원하게 볼일을 본다. 잠깐의 휴식 시간. 딸이 되기로 한 정원이랑 기혜, 아련이 한 조가 되어 논다. 수려한 곡선을 만들어내는 매혹적인 사막의 능선을 따라 딸들이랑 맨발로 걷는다. 이 특별한 공간에서는 나이를 떠나 모두들 친구가 된다.

　캘틱우먼이 부르는 '넬라판타지아'가 환상의 세계를 탄생시킨다. 음악의 존재는 사막을 살아 움직이게 한다. 이 황홀한 감동을 그림으로 풀어낸다면 그림 속 화면들은 어떤 춤을 출까?

　사막이 주는 감동을 가슴에 품은 채 차는 또 달린다. 천산의 관문인 옥문관을 보고 서역남로의 관문인 양관을 지난다.

　사막 위에 거짓말처럼 예쁜 정자와 수레, 나무 말뚝으로 박아 놓은 길고도 긴 난간이 추상화처럼 펼쳐져 있다. 지구에서는 흔하게 볼 수 없는 신비한 그림이다. 메마른 사막 한가운데도 인간은 살고 있다. 비단 짜는 곳으로 가는 길에 한 마리 낙타와 놀게 된다. 낙타는 사람 손에 길들여져 있어 사람이 주는 것을 자연스레 받아 먹는다.

　선하디 선한 눈을 바라보다 호기심이 발동한다. 부엉이를 키우며 교감하였던 믿음이 낙타에게도 전이되어 입 깊숙이 손을 넣어 과자를 주고 그 입

속을 느껴 본다. 물지 않으리라는 확신이 눈빛으로 오간다. 낙타 입은 부드럽게 삭은 짚단처럼 축축하다. 허무의 늪을 건넌 초인처럼 낙타는 사막 너머 영원을 바라보고 있는 듯하다.

교하고성

타클라마칸 사막을 밤새 달려온 열차는 새벽녘 투루판에 도착했다. 중국에서 가장 낮은 분지로 해발 -154m에 위치하고 있다. 투루판은 위구르어로 '파인 곳'을 뜻한단다. 황색 투성이의 황량한 사막에 테레키 나무가 사시나무 떨듯 흔들린다. 극심한 모래벌판에서 불어오는 모래 바람을 막기 위한 방풍림이다. 가없이 이어지는 포플러 나무가 인상적인 이곳은 포도가 유명하다. 포도나무가 터널을 만드는 농원에서 점심을 먹는다. 싱그러운 포도가 주렁주렁 달린 녹색 포도나무 아래에서 우리는 더위도 잊은 채 갑자기 녹색이 주는 황홀감에 빠진다.

생명의 녹색이 인간에게 이토록 생기를 준다는 것을 새롭게 알게 됐다. 여기저기서 함박웃음이 터진다.

고대 서역에 살았던 옛 사람의 자취를 비밀스럽게 담고 있는 교하고성으로 갔다. 전한 시대에 위구르 족이 차사국을 세우고 도읍을 교하고성에 두었다. 인구 6,000명과 1,800명의 군사를 가진 작은 왕국이었다. 차사국은 교통의 요지로 주변 강국의 틈새에 끼여 있는 나라였다. 한나라와 흉노족에 시

달리던 중 한무제가 흉노족을 완전히 몰아내자 이곳에도 평화가 찾아온다.

교하고성은 두 개의 하천 사이로 치솟은 30m의 벼랑 위에 거대한 군함처럼 세워진 토성이다. 중앙의 큰 도로는 마차와 전차가 달릴 수 있도록 오석을 박아 포장했다. 교하고성의 사원과 종루는 2,000년이 지난 지금도 골조가 그대로 남아 있다.

일반 주택지는 더위를 피하기 위해 아래로 파 들어가 만들었는데 벽면은 땅을 파낸 지층면이 그대로 드러나 있다. 지금도 주택의 골목은 땅속에서 미로를 만들어 내고 있다. 시장, 관청, 감옥, 종루, 사원, 주택 등 모든 시설이 아직까지 남아 있는 것은 불가사의한 건축 방식 때문이라고 한다.

정방형의 담으로 둘러싸인 절터에는 사막의 열기로 녹아내린 촛물처럼 울퉁불퉁한 불탑들이 서 있다. 번성했던 그 시절의 승려들이 올렸을 기도를 떠올리며 절 그림자 아래에서 장난스럽게 가부좌를 해 본다. 잠깐이라도 모자를 벗으면 머리통이 익을 것 같다. 이 제단 위를 영원히 떠돌 것 같은 무더운 열기가 무례함을 야단치듯 내 몸을 후끈 달군다.

신전 바로 앞에는 아직도 마르지 않는 천 년 우물이 있다. 이 열악한 조건에서 2,000년이 지나도록 샘솟는 우물이 있다는 건 기적이다. 이 참에 이곳의 거대한 인공 우물 대역사를 소개할까 한다.

카레즈, 즉 우물이라는 이 말은, 천산 산맥의 눈이 녹은 물을 사막으로 끌어들인 것이다. 위에서 수직 우물을 만든 뒤 지하에서 수로를 따라 연결해 오아시스로 물을 끌어들인 장대한 시설을 말한다. 관람객이 쉽게 이해할 수 있도록 실제처럼 전시관을 만들었다. 이 수로를 연결하면 만리장성보다 훨씬 더 긴 길이라고 한다. 열악한 환경을 극복한 중국인들의 의지가 놀랍다.

시간의 간격이 끝없이 벌어진 교하고성에서 폐허의 아름다움이 만들어 내는 길 위를 따라 거닌다. 천연 요새 같은 벼랑 끝에서 시퍼런 강물이 로푸호로 흘러가는 장엄한 광경을 짜릿하게 바라본다. 아래 휴게소 시원한 그늘에서 얼음만큼 찬 수박을 맛보고 버스는 또다시 황야를 달린다.

강렬한 태양으로 말미암아 풀 한 포기 볼 수 없는 불모의 산들이 차창 밖으로 계속 이어진다. 모든 것을 태워 버릴 것 같은 붉은 암석으로 만들어진 화염산이 등장한다. 억센 힘줄이 불끈 솟은 것처럼 보이는 주름은 태곳적에 많은 비로 인해 생긴 것이라고 한다. 마치 불길이 치솟는 것처럼 보인다.

여름 최고 기온이 48°c, 지표 온도는 70°c 이고 겨울에는 -20°c까지 내려간다고 한다. 이름이 주는 강렬함만큼이나 자태도 강렬하고 그 앞에 섰을 때 지기 역시 강렬하여 온통 뜨거움으로 남아 있다. 서유기에 나오는 화염산 싸움은 바로 이곳을 배경으로 한다.

화염산을 지나 절벽 중턱을 깎아 만든 베제크릭 천불동 석굴이 있다. 위구르인들이 그린 화려하고 섬세한 불상이 있었으나 이슬람과 탐험대의 훼손으로 온전한 것은 드물다. 아쉬운 마음을 뒤로하고 가는 길에 섬세하고 수려한 만도린처럼 생긴 악기를 연주하는 할아버지가 계신다. 묵직한 표정 안에 음악의 열정을 숨겨 놓고 눈빛으로, 한 번씩 추임새로 움직이는 어깻짓이 화염산 동네에 사시는 노인답다. 우리 일행은 그분의 리듬에 맞춰 춤도 추고 신기한 악기를 튕겨 보기도 한다. 자수로 정성껏 치장된 모자를 쓰고 노익장의 솜씨를 마음껏 발휘하는 할아버지 덕분에 천불동 석굴은 그림에서 음악이 된다.

히말라야

눈 위로 반짝이는 별은 인더스 강을 따라 히말라야 산이 함께 만들어낸 밤하늘에 박힌다. 우리가 달리는 이 길은 인류의 발생지답게 광활하기 그지없다.

혜초 스님의 길을 따라 함께한 실크로드.

곤륜 산맥과 카라코람 산맥을 넘는 험준한 길이다. 나무 한 그루 풀 포기도 보이지 않는 황량한 산들이 가없이 이어진다. 높은 산을 가로지르는 실보다 가는 선이 믿기지 않게 끊겼다, 이어졌다 한다. 길이라 하기에는 도저히 믿기지 않는다.

그 길을 얼마나 많은 사람들이 수백 년간 걸어갔을까? 무수한 시간을 넘어 모질고도 질긴 인간의 삶에 경탄한다. 이 길 위에는 시간과 영원이 동시에 있다.

파미르 고원을 지날 때, 인간의 흔적이 없는 넓은 고원이 마치 바다 같다는 착각을 들게 한다. 곤륜 산맥 최고봉 설산에서 흘러내린 빙하호는 푸르다 못해 눈이 시리다. 호수를 둘러싼 봉우리는 1년 내내 만년설로 덮여 있다.

모래산 고원에 검은 호수 카라쿨이 있고 호숫가에는 유목민들이 그림처럼 살아가고 있다.

히말라야의 흰 얼굴 아래 만년설이 녹아내린 호수는 하늘의 연못이다. 이 호수는 하늘보다 더 맑다. 이런 천혜의 비경이 모두를 동심으로 풍덩 밀어 넣었다. 눈덩이처럼 뭉쳐 구르기도 하고, 시린 호수에 발을 담그기도 하고, 공연히 하늘로 날 듯 뛰기도 한다. 호숫가를 다닐 수 있게 만들어 놓은 나무 판으로 된 난간 길은 또 하나의 그림을 탄생시킨다. 그곳을 말들이 달려간다. 이 낭만적인 곳에서 달콤한 하미과와 멜론을 먹는 맛이란 …

이 멋진 곳을 뒤로하고 차는 또 달린다. 곤륜 산맥과 파미르 고원이 걸쳐 있는 쿤자랍패스는 중국과 파키스탄의 국경이다. 출국 수속을 하고 쿤자랍패스(4733m)를 넘어 파키스탄의 훈자로 이동한다.

카라코람 하이웨이는 워낙 험준한 협곡을 넘어야 하기에 이동 수단도 누워서 보는 침대 차로 갈아탄다. 현대판 만리장성이라 부르는 이 길을 만들 때 엄청난 인부들이 희생되었다고 한다. 해발 5000고지와 Q자형 협곡의 험난한 조건 때문에 연 20만 명이 동원되고도 3000명의 목숨까지 앗아갔다고 한다.

수백 수천 낭떠러지 사이로 난 아찔한 길.

차마 아래를 내려다 볼 수가 없다.

상상할 수 없는 커브 길.

차는 그냥 아래로 내리꽂힐 것만 같다. 그러나 곡예 운전은 계속된다.

주변의 산세는 더욱 험악해진다. 풀 한 포기 볼 수 없는 검은색과 회갈색의 높은 준령들. 엄청난 무게로 누르는 산들의 언어가 우리 모두에게 침묵을 강요한다. 덜컹거리는 급경사의 협곡 사이로 돌이라도 굴러 떨어진다면…

남편은 10년 전의 이 길 모습과 지금이 달라진 것 같다고 고개를 갸웃거린다. 만년설로 뒤덮여 있던 눈부신 히말라야의 흰 얼굴이 군데군데 사라져 버린 것이다. 우리의 지구가 앓고 있는 현장이다. 지구 온난화 현상을 목격한 우리는 깜짝 놀랄 일을 만났다.

최장수 마을인 훈자로 들어가는 길에 지금까지 없던 거대한 강이 생겨난 거다. 히말라야의 만년설이 녹아내려 만들어진 강이다. 예전에는 차로 달리던 길을 이제는 보트를 타야 한다.

기가 막힌 현실에 놀랄 틈도 없이 보트로 트렁크를 옮기는 현지인들의 움직임이 시끌벅적하다. 우리 일행은 보트의 난간을 따라 빙 둘러앉았다. 협곡 사이 강을 따라 유유히 보트가 움직이기 시작한다. 삼삼오오 자리 잡은 일행 중 한 사람이 목청껏 노래를 부른다. 새롭게 탄생된 이 강은 노래마저 잠재운다. 조곤조곤 들리던 이야기 소리도 어느새 멈추었다.

배 모퉁이를 둘러싼 천 조각을 당겨 쌀쌀해지는 바람을 막아본다. 피곤한 나그네 길에 배 속은 꼬르륵 소리를 내고 강바람이 뼛속으로 스며든다. 우리는 점점 자리를 좁히며 옆 사람과 부둥켜안고 체온을 합한다. 어둑하던 잔영이 이제는 캄캄한 밤으로 바뀌었다. 모두들 묘한 기분에 젖어들고 들리는 건 보트 소리뿐…

잠깐이면 도착한다던 시간은 늘어진 테이프처럼 더디 흐른다. 암흑 속의 배는 일엽편주가 되어 어느 바람에 사라질지 우리들의 불안한 마음은 점점 커진다. 보이지는 않으나 지구의 지붕인 히말라야산 골짜기의 기운이 먹빛으로 우리를 내리누르고 강은 미궁 속으로 흘러든다.

침묵! 침묵! 침묵!

이 신비한 느낌은 무얼까? 보이지 않는 그물이 내 가슴을 압박하는 것 같다. 이 극적인 순간에 나는 영화 속 장면 같은 엉뚱한 상상을 한다. 인류를 살리기 위한 극비 문서를 가슴에 품은 비밀 결사대의 주인공이 위험한 장면에 맞닥뜨린 것처럼 우리는 지구의 최장수 마을로 가기 위해 시험을 거치고 있는 거다. 그때 저 멀리 한 줄기 헤드라이트가 나타난다.

'아! 살았다.'

나는 상상 속에서 빠져나온다. 깜깜한 어둠 속에서 불쑥불쑥 튀어나온 커다란 기암들 사이로 사람들이 분주히 움직이는 것이 보인다. 중세 유럽 종교화 속에 보이는 풍경 같다. 원주민들은 거칠고 빠른 손놀림으로 트렁크를 나르고 필요 없을 만큼 많은 인원이 나와 왁자지껄 난리통이다. 여기저기 고함 소리와 여러 대의 지프들이 부르릉거리는 혼란한 상황에 누가 누구의 차를 탔는지 정신이 하나도 없다. 사방이 뚫려 있는 지프에 두 사람씩 타자 마자 바로 냅다 달린다.

부르릉! 부르릉! 부르릉! 쿵쾅! 쿵쾅!

알 수 없는 새로운 나라로 허둥지둥 끌려가는 포로처럼 울퉁불퉁한 비포장 도로를 불안과 공포와 호기심이 범벅이 되어 어둠의 길을 달린다. 이 놀라운 장면들을 체험한다는 것은 목숨을 건 모험이다.

훈자 마을

드디어 훈자에 도착했다. 세상 저편 아득한 곳에 다다른 기분이다.

다음날 아침. 재미난 형태로 쌓여진 돌 벽, 거칠고 두꺼운 카펫, 야릇한 동물 그림, 요란한 무늬의 이불, 몇 백 년 전 방갈로 같은 숙소다. 신기한 침상에서 일어나 호기심 어린 눈으로 커튼 사이의 창밖을 삐죽 내려다본다.

세상에! 저렇게 잘 생긴 거대한 산이 바로 코 앞에 펼쳐져 있다니!

남편은 옥상으로 올라가 스케치를 하느라 여념이 없다. 이 신비로운 장관 사이로 쌍무지개가 나타난다. 어젯밤 그 요란하고 비밀스러웠던 기운은 이 멋진 풍경을 선물하기 위한 전조였나? 연이어 맞이하는 대자연의 축제 앞에 나는 더 보잘것없는 존재가 된다.

아침 식사 후, 훈자 마을의 아름다운 여인들을 식당에서 그려 보고 이름을 써 달라고 해서 그림 속에 넣는다. 멋진 자연만큼 인간들의 모습도 멋있다. 세수를 하기 위해 수도를 트니깐 누르튀튀한 물이 나온다. 빙하시대 그대로 온갖 미네랄이 녹아 있는 '훈자 워터'다. 색깔과는 달리 매끄러우며 비눗기가 없어지지 않는다. 훈자인들을 장수하게 만드는 이 물을 우리가 그냥 마시면 바로 배탈이 난다. 과도한 미네랄을 도시인의 위는 흡수할 수 없기 때문이란다.

훈자는 살구로 유명하다. 여름에는 싱싱한 살구를 그냥 먹고 겨울에는 말린 것을 먹는다. 그리고 모든 요리에는 살구씨 기름을 사용한다. 살구씨 기름은 여자들의 화장품 구실도 하고 약재로도 쓰인다. 젖소나 산양이 인구에 비해 턱없이 부족했으므로 모자란 지방을 살구나무에서 찾아냈다. 또 그 기름이 혈액 순환을 도와 이곳에서는 심장마비나 뇌졸중이 없단다. 하늘은 훈자인의 장수를 위해 살구나무를 주셨나 보다.

용맹한 훈자족의 역사가 담겨 있는 중세 유럽풍의 그림처럼 아름다운 발티드 성. 빙하 물을 경작지로 끌어들이는 관개 수로 개설의 대역사. 황량하고 삭막한 수만 리의 실크로드에서 신기루처럼 나타난 훈자 마을. 너무도 많은 이야기를 담고 있는 훈자이지만 가장 뇌리에서 사라지지 않는 강렬한 체험은 빙하의 만년설을 직접 밟았던 일이다.

세계의 명산을, 하늘 아래 꼽아둔 절경을 보며 요란한 지프를 타고 마을 깊숙이 들어갔다. 어디서 나타났는지 산속의 아이들이 쏟아져 나온다. "원돌라! 원돌라!"를 외치기도 하고, 볼펜을 달라고 손을 내밀기도 한다. 그러나 맑은 눈동자는 장난기가 가득하다. 체구는 작지만 얼굴은 빼어나게 선이 오뚝하고 귀골로 생겼다.

포도넝쿨 아래 야외 식탁. 일행들의 짐 속에서 모두 쏟아 나온 한국 음식들로 차려진 만찬이다. 빙하로 내려가는 길은 경사가 워낙 심해서 원하는 사람들만 길을 떠나기로 한다. 지친 몸에 기름도 충분히 넣었겠다 또 태곳적

만년설을 밟을 수 있는 기회는 두 번 다시 없을 것 같아 얼른 나선다. 한 사람당 두 명의 도우미가 붙었다.

만년의 빙하를 만나러 가는 길은 상식을 뛰어넘을 만큼 기괴하다. 바위의 각도와 경사가 지금까지 전혀 볼 수 없었던 형태를 이루고 있다. 왜 두 명의 가이드가 동행을 하는지 그제야 이해가 간다. 앞에서 받쳐 주고 뒤에서 밀며 신기한 산의 선을 따라 내려간다. 한 자리에서 마음 놓고 구경 하는 것조차 허락하지 않는 급경사다.

한참 동안 '티길'이란 이름을 가진 염소가 우리 곁을 떠나지 않는다. 와서 안기기도 하고 코로 엉덩이를 치기도 하며 장난스런 눈빛을 보내기도 한다. 어찌나 살가운지 동물이 아니라 오랜 친구를 만난 것 같다. 나는 염소 띠이기도 하므로.

삼삼오오 짝지어 가는 일행들은 모두 소풍 나온 유치원생처럼 풍경 속으로 빠진다. 위용이 넘실대는 7000 고지의 산맥 준령 사이에 겹겹이 녹아내린 빙하가 만들어낸 뾰족뾰족한 얼음 산. 수만 개의 칼이 되어 꽂혀 있다. 너무 높은 산을 감당할 수 없는지 홀연히 나타났다 사라지는 구름이 이곳을 더욱 신비롭게 만든다. 상상을 뒤엎는 절경이다. 감동을 전하고 싶은 마음은 앞서지만 자연은 어떤 말로도 표현할 수 없다.

그렇지만 어쩔 수 없이 스케치북을 꺼낸다. 그때 배낭 속의 음식 냄새를 맡았는지 '티길' 녀석이 가방 속으로 코를 박고 들썩인다.

만년설

우리는 또다시 머릿속까지 누렇게 만드는 삭막한 풍경 속으로 떠난다. 황량한 골짜기 밑으로 누런 인더스 강이 구렁이처럼 긴 몸뚱이를 풀어놓고 있다. 대지를 뒤덮는 자갈과 돌멩이와 지겨운 누런 산 위로 군청색 하늘에 존재감 있게 떠 있는 흰구름이 당당해 보인다.

인더스 강을 따라가는 길. 누런 빛에서 파스텔 톤의 오묘한 색으로 바뀌는 산자락에 차를 세운다.

아! 세상에! 지구상에 존재할 수 없는 색으로 펼쳐진 풍경화다.

황토색의 권태에 질려 있을 즈음 나타난 신비의 풍경. 아이보리와 연하늘색과 연갈색과 연녹색, 연회색, 모든 색에 흰색이 가미된 파스텔 톤이 어우러져 만든 환상의 빛깔! 풀 한 포기 없는 산이 저토록 색의 향연으로 다르게 변할 수 있단 말인가! 넓은 호수의 색감마저 환원된 색으로 만들어 내는 조화는 눈부시다. 퍼져 있는 허공과 이어지는 시간으로 말미암아 하느님의 손길이 뻗지 않는 곳이 없다. 눈으로, 가슴으로, 호흡으로, 온 세포로 영원한 시간의 저편에 속해 있는 이 풍경을 새겨 놓는다.

모두 생리 현상을 해결해야 하는 시간이다. 실크로드 여행은 원초적인 생리 현상과 함께하는 여행인지라 날이 갈수록 일행들과 가까워진다. 우리들은 돌로 지붕을 얹은 야트막한 움막 뒤로 장소를 물색한다. 시원하게 볼 일을 보는 순간, 바닥에 펼쳐져 있는 돌멩이마다 반짝이는 금 조각들이 박혀

있다. 돌멩이 하나에조차 특별한 색감이 포개져 있으니 이 놀라운 풍경들이 만들어지나 보다.

어느새 길을 달리다 보니 멀리 거대한 산 위로 만년설이 흰 얼굴을 드러낸다. 세계의 명산 낭가파르밧이다. 낭가파르밧은 산스크리트어로 '벌거벗은 산'이란 뜻이란다. 히말라야 산들이 만들어내는 절대적 경이로움을 언젠가 내 눈으로 볼 날을 고대했다. 그런데 이렇게 가까이에서 영산을 보게 되다니! 감격스럽다.

검뿌옇고 거대한 암벽이 겹겹이 뻗은 산 위로 눈부신 하얀 만년설은 만년 동안 감지 않은 눈을 번쩍인다. 구름을 뚫고 하늘에 닿아 있는 눈부신 만년설. 절대자의 눈을 숨겨 놓은 듯 신비롭다. 자연도 변형된 하느님의 모습이다.

수억 년 동안 세상을 내려다보고 있었을 신비의 산! 세속의 시선과 관심으로부터 숨어 초월과 영원을 인간에게 가르치고 있다. 기쁨과 슬픔을 비롯한 온갖 감정으로 마음을 휩싸던 모든 것들이 한낱 부질없는 헛개비처럼 느껴진다.

8216m의 낭가파르팟의 흰 얼굴을 경이롭게 바라보며 인더스 강을 따라 칠라스의 고대 암각화를 보러 간다. 인더스의 물결은 이제 짙은 회색 빛으로 변해 격한 몸부림으로 용솟음치고 있다. 거친 물살 위로 유럽식 멋진 다리를 건너면 반짝이는 검은색 바위들이 나타난다. 한 무더기의 바위 군에 원시 시대의 그림들이 새겨져 있다. 암호를 풀 듯 재미있는 그림을 찾아본다.

불상, 불탑, 산양을 사냥하는 그림, 태양을 숭배하는 원시인의 신앙, 여러 종류의 동물들. 원시인들은 맹수를 새기고 그림으로써 바위에다 묶어 버리려 했을까? 현대의 작가들에게 가장 부족한 가슴으로 그리는 그림들을 만나니 짧은 시간이 안타깝다. 가끔 동굴 벽화를 보면서, 현대의 정신이 과연 고대의 정신에 앞선다고 볼 수 있을까? 하는 의문이 든다. 상상하기 힘든 아득한 몇 만 년 전의 시간이다. 원시 벽화나 고대 작품의 표현을 접하며 진보의 의미를 다시 생각해 본다.

기상천외한 아이디어로 웃음이 절로 나는 순수한 영혼들의 기록이 경이롭다. 모두들 예술에 종사하는 개성파 그룹이어서 자기 방식대로 고대 미술을 해독하느라 넓은 강변에서 숨바꼭질을 하고 있는 듯하다. 저무는 햇살을 아쉬워하면서…

깜깜한 어둠이 히말라야 산을 덮어버리고 인더스 강 물줄기는 어둠을 몰아내며 뻗대는 것처럼 번쩍이는 큰 선을 그려낸다.

히말라야 산을 넘을 것인가? 인더스 강을 따라갈 것인가? 선택의 기로에서 우리 일행은 히말라야를 넘자고 결정했다. 지구의 지붕답게 하늘을 관통하는 거대한 히말라야 산맥을 가로질러 넘었다. 거대한 설산과 맑은 눈의 원주민들, 뜻밖의 야생화. 우리는 히말라야에서 만난 거대한 자연이 품어내는 황홀함 속으로 벌거벗은 자연인의 마음이 된다.

알렉산더 대왕의 원정로를 거쳐 탁실과에서 간다라 미술을 감상하고 라호르에서 하나밖에 없는 부처님 고해 상의 진품을 감상하고 긴 여정을 마친

다. 내가 태어나서 가장 가슴 벅찬 여행을 했다. 거대한 자연 앞에서 한없이 작은 자아를 만났다. 겸손이란 두 글자를 온몸에 새겨 준 소중한 여행. 나는 마치 성자와 예언자의 발자국을 따라 걷는 것 같았다. 경이로운 자연이 빚은 조각품들이 강렬한 햇빛과 비, 바람, 모래, 요동치는 물줄기가 수백만 년 억겁의 세월 위에 탈바꿈한 신비로 가득하다.

    대륙을 가로지르는 밤의 열차가 데려다준 삭막한 투루판의 새벽, 사막 한가운데 제주도 크기만한 버스팅 호수는 바다처럼 보이고 갈대숲은 끝이 없다. 화려했던 역사의 장을 뒤로하고 폐허로 남겨진 공허의 예술들, 고분의 적막, 황량한 실크로드의 기기묘묘한 사막산에 둘러싸인 한계점의 자연 위에 인간이 빚어 놓은 높은 영혼의 기도, 수도승들의 은신처, 그 위에 나타난 그림들.

    구심(球心)을 찌를 듯 깊숙하게 파고드는 협곡을 따라 신비스런 땅속을 들어설 때, 심금을 울리던 광활한 성지 앞에서 하느님의 작품을 경외할 수밖에 없었다.

인도 이야기

바라나시

바다이기도 하고 대지이기도 한 모든 생명의 근원인 어머니! 어머니는 모든 생명을 껴안을 수 있는 신과 같은 존재다. 우리 개개인은 바다와 대지의 일부분이지만 또한 전체이기도 하다.

너와 나는 같은 성분으로 이루어져 있는 커다란 어머니라는 존재에 연결되어 있다. 살아 있는 모든 것들의 어머니. 여덟째 막내로 태어난 나는 유난히 엄마를 사랑했다. 내 영혼의 큰 부분을 차지하신 존재. 어머니에 대한 사랑 때문이었을까? 여인의 곡선에서 대지인 어머니의 젖 줄기가 보였다.

인체의 아름다움은 삼라만상의 표징과도 같았다. 그리하여 나의 그림들

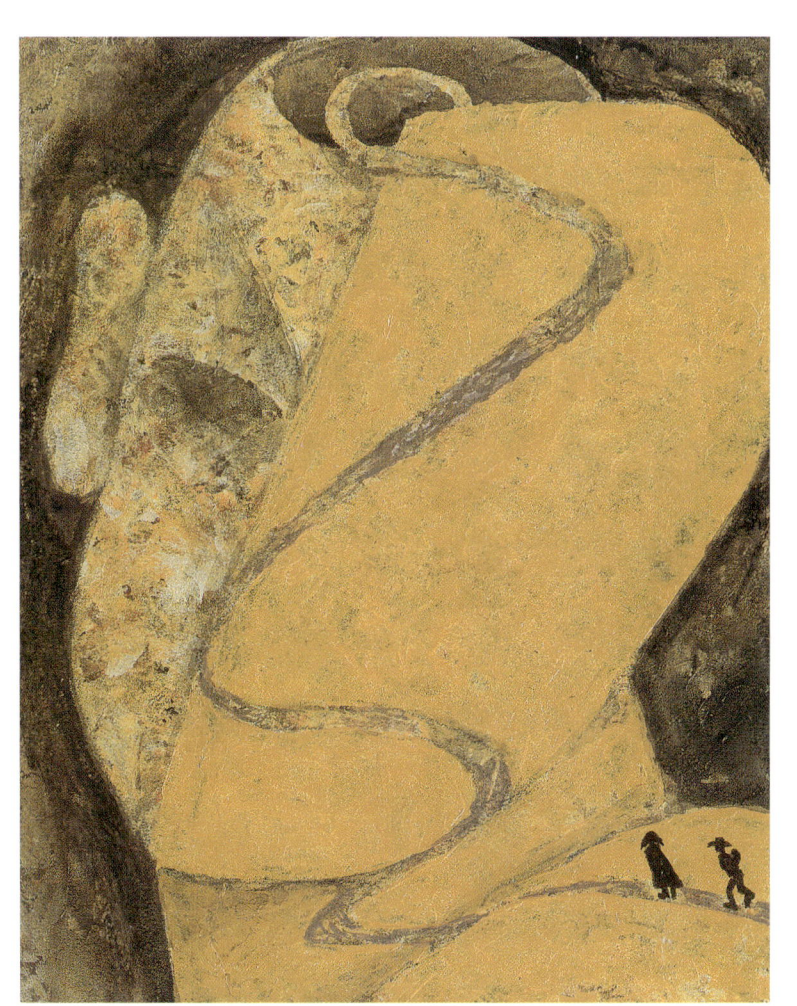

은 이 무한한 우주의 연결 고리에서 깊은 무의식 속에 현존하는 어머니라는 바다와 대지에 닿기 위해 애를 쓴다. 삼십 년이 넘도록 누드 크로키의 선에 매혹되었다. 삶의 질곡이 넘나드는 나이 든 여인의 육체의 선은 거대한 산 위를 달리는 선이 된다. 흑인, 백인, 황색인, 젊음과 늙음의 하모니, 정, 중, 동의 포즈에서 희로애락을 함께해 온 나의 그림들이다.

어머니께서는 삼십 년 동안 앓아오신 관절염으로 걸으실 수 없는 일상을 기도로써 모든 걸 바치신 삶을 사셨다. 어머니의 기도 시간을 평생 지켜 온 낡은 묵주기도 책. 그 안에 어머니의 염원과 사랑이, 생이 녹아 눈시울이 뜨겁다. 어머니의 삶과 죽음은 하나로 이어져 있었다. 낡아서 테이프가 덕지덕지 붙은 그 책이 새로운 영적 그림의 시작이 되었고, 어머니의 사랑은 이제 실크로드의 대탐험 속으로 나를 데려가셨다.

대자연의 노래는 내 그림 속의 온갖 형상과 상징으로 스며들고 또한 신비로운 영감으로 내 안을 가득 채운다. 거인의 눈이 되어야 볼 수 있는 광활한 자연을 맛본 나는 이제야 말로 바람이 되어 인도를 날아 보고 싶었다. 71억의 세계 인구 중 완벽하게 같은 사람이 한 명도 없다는 사실을 온 몸으로 체험했던 인도 여행. 2년 전 10월, 배낭 여행의 베테랑이신 스님과 둘이서 한 달간 인도를 여행했다.

첫 도착지는 바라나시다.

후끈하게 더운 날씨와 원색의 사리들이 인도에 도착한 것을 실감나게 한다. 중앙선 표시가 없는 도로에는 소와 개와 릭샤와 버스와 자전거와 사람

이 모두 한꺼번에 엉켜서 가고 있다. 도시로 들어갈수록 현기증이 난다. 한 뼘짜리 가게들과 터번을 두른 힌두인들과 사리의 여인들과 아이들, 밀려 나오는 학생들, 거리에 쓰러져 있는 바짝 마른 걸인들, 몸이 온전하지 못한 무리들, 규칙 없는 운전, 물밀듯 밀려 나오는 릭샤, 여러 종류의 가축들, 소음과 매연과 무질서. 난 넋이 나간다. 인도라는 거대한 쓰나미가 여행 시작부터 공포로 다가온다.

숙소로 가는 길은 골목이 좁아 택시가 다닐 수 없다. 게스트 하우스에서 사람이 나와 길 안내를 한다. 가방을 고쳐 메고 열심히 좁은 길을 따라간다. 두 사람이 겨우 지날 수 있는 길이다. 좁다란 길에 커다란 소가 걸어가기도 하고 누워 있기도 한다. 군데군데 털이 벗겨지고 삐쩍 마른 개들과 염소와 원숭이가 지나간다. 쓰레기 더미를 피하고, 소 똥을 건너뛰고 역한 냄새와 함께 끝없이 돌고 도는 좁은 골목. 바라나시의 미로는 세계 제일이라고 들었는데 실감이 난다. 우리의 50년대가 이곳에 멈춰 서 있는 것 같다. 마음으로 그리던 인도와 눈앞의 현실 사이에서 나는 망연자실한다.

드디어 알록달록한 게스트하우스에 도착했다. 뜨거운 물을 끼얹고 족욕을 하고 잠시 눈을 붙였다. 바로 깊은 잠에 빠진다.

꿈속에서 나는 도저히 인간이라고 부르기 어려운 가여운 육신을 가진 무리들과 맞닥뜨린다. 그 무리들은 불가촉 난민으로만 헤아릴 수 없을 만큼 많은 생을 반복해 온 가장 밑바닥 존재들이다.

갑자기 거대한 거미줄이 나타난다. 거미줄의 씨줄 위로 인간들이 하나

둘씩 날아와 박힌다. 그 인간들은 아우성 치는 지옥의 불구덩이에서 튀어나온 군상들이다. 그리고 무리들 가운데 한 인간의 얼굴 위로 강력한 줌렌즈가 다가가 클로즈업된다. 이번에는 그 인간이 거쳐온 수억 겁 년 반복된 삶의 고리가 날줄이 되어 아래 위로 좌르르 펼쳐진다. 또 다른 인간의 반복된 삶들도 계속 날줄을 엮어 낸다. 이 거대한 씨줄과 날줄 사이로 커다란 눈이 번쩍 빛을 낸다.

깜짝 놀라 눈을 뜨니 꿈이다. 하도 신기하여 곁에 계신 스님에게 꿈 이야기를 했더니

"그게 바로 인타라망입니다."라고 하신다.

도대체 이 강렬한 꿈은 무엇일까? 어쩌면 문밖의 저 불쌍한 여인도 씨줄과 날줄의 고리 속 내 모습일 수도 있다. 깨끗함과 더러움도 손바닥의 안과 밖인 것을… 생명의 그물에서 한 가닥의 미약한 존재. 이 땅에 태어나 저 사람과 같은 운명 속에 놓인다면 …

신들의 나라. 베일에 가려 있는 여러 얼굴의 거대한 인도에서 꾼 첫 꿈. 어린아이처럼 미성숙한 내 모습이 바닷물이 빠져 버린 갯벌처럼 적나라하게 보인다. 이렇게 많은 인간 속에 어느 한 존재도 나와 같은 모습의 인간을 볼 수 없는 이 신비로움이 예전과 달리 깨달음으로 다가온다. 자애감이, 하느님의 사랑이, 존재의 귀함이 떨림이 되어 파고든다. 낯선 시간의 어둠 속에서 나를 둘러싼 공기의 입자들이 어느새 달라져 있음을 느낀다.

6시에 갠지스 강의 가트로 갔다. 새벽에도 순례자의 발길은 이어진다. 강에 바칠 꽃을 파는 여인들과 구걸하는 거지들과 관광객, 가족 단위로 기도하러 온 사람들. 장터처럼 붐비는 이곳에서도 아랑곳하지 않고 기도하는 모습은 더 절실해 보인다. 아직 떠오르지 않는 태양을 향해 머리 끝까지 세 번 몸을 물속에 담그며 두 손을 모은 채 열심히 기도를 올린다.

이들의 간절한 기도는 무엇일까? 어디에서든 인간의 삶은 고단하다. 우리의 끝없는 염원은 짧디 짧은 우리 인생에서 무언가 영원 불멸한 것을 섬기는 데서 시작한 것은 아닐까?

물가에는 큰 우산을 세운 받침대 아래에서 바라문이 설법을 하고 있다. 누구에게나 평등한 진홍의 태양이 드디어 수면을 물들이며 떠오른다.

수평선을 서서히 물들이는 강력한 기운!

어둠을 뚫고 솟아오른 장엄한 태양의 노래!

새벽을 여는 갠지스의 일출은 순례자의 열망을 녹여 준다. 우리는 떠오르는 햇살을 온 몸으로 느끼며 기도를 한다. 꿈에 그리던 그 장소에서 드리는 기도! 남아 있는 현실적인 숙제를 끝낸 뒤라면 나도 여기 이대로 스며들고 싶다. 내가 상자 속 세상에서 나오지 못한 것은 더 큰 '나'가 눈감고 있었기 때문이다. 내 안의 나와 마주하는 순간. 커다란 새가 날개를 펼치며 날아오른다.

타지마할

이 세상은 다양하고 다채로워 아름답고 풍성하다 못해 신비롭기 그지없다. 우리는 삶으로부터 도망치기 위해 여행하는 것이 아니라, 삶이 우리에게서 도망치지 않도록 하기 위해서 여행한다. 목적지에 닿는 일보다 더 소중한 것은 거쳐 가는 과정이다. 길에서 만나는 눈동자와 색감, 냄새와 촉감까지도 마음에 간직하기를 소망한다.

친절한 인도 청년의 도움으로 아그라로 가는 버스를 탔다. 서민들이 가득 타고 있는 버스 속에서 젊은 부부와 돌이 채 안 된 아기가 탄다. 눈이 무척 귀여운 아기를 다루는 젊은 여인의 손길이 더운 날씨 탓인지 퍽 거칠게 보인다. 아기를 보고 있으니 손자 양국이의 얼굴이 겹친다. 슬며시 눈을 감고 양국이의 살가운 냄새를 떠올린다. 절로 미소가 번진다. 한 살배기 양국이와 할미가 저 밑바닥까지 울리는 웃음을 눈물이 나도록 함께 웃을 수 있다는 건 도대체 무엇을 뜻하나? 아기가 뿜어내는 이 무한한 에너지는 어디에서부터 오고 있단 말인가? 세상 어떤 것에서도 느낄 수 없는 완벽한 기쁨! 이것은 무엇일까? 이 조건 없는 손자 사랑이야말로 하느님 사랑이 아닐까 하는 생각이 온 몸의 피로를 씻어 낸다.

아그라에 도착했다. 찬란한 무굴 왕조의 수도였던 아그라. 웅장한 건축물과 성곽들 사이로 난 길은 넓다. 나무도 우거져 고도의 운치가 살아 있다.

우리가 묵은 숙소에서 5분 걸으면 타지마할 동문이 나온다. 입장료가

현지인은 10루피고 외국인은 750루피란다. 75배나 비싼 가격에 놀랐다. 그러나 인도에 온 이상 이 타지마할을 보지 않고 갈 사람은 없겠지?

늦은 오후에 도착한 타지마할은 백잣빛이었다. 아름다운 한 여인의 무덤이 세상 사람들에게 오래도록 얘기의 주인공이 되고, 그 사랑의 결정체인 타지마할은 신비의 자태를 드러낸다. 무수한 사람들의 순례가 끊이지 않는 타지마할은 마치 우아한 여인이 이상을 꿈꾸듯 서 있는 자태와 같다. 맑고 우아하며 고요한 가운데 꿈꾸고 있는 순결한 여인의 모습. 어찌 무덤이라 할까? 나는 순결한 아름다움이 주는 황홀함에 취할 수밖에 없었다.

무굴 황제 샤 자한의 총애를 한 몸에 받았던 아내 아르주만드 바누 베감은 결혼 생활 17년 동안 열세 명의 아이를 낳았다. 39세의 젊은 나이에 열네 번째 아이를 낳다가 죽었다. 슬픔에 빠진 황제는 아내를 위해 이 세상에서 가장 아름다운 무덤 궁전을 바쳤다.

세계 7대 불가사의 중 하나인 타지마할은 22년의 긴 공사 끝에 완공됐다. 정원의 수로에 잠겨 꿈꾸듯 날갯짓을 하기도 하고 달빛을 머금고 우아한 자태를 뽐내기도 한다. 샤 자한은 자신을 위해 강 건너편에 검은 타지마할을 지으려 했으나 아들 아우랑제브에 의해 폐위되었다. 아들에게 감금된 왕은 아그라 성에서 타지마할을 지켜보며 살다가 7년 뒤 아내 곁에 묻혔다. 사후에라도 함께하고 있다니 다행스러워 보였다.

세계 최고의 무덤이 이루어지기까지 엄청난 피와 땀이 투입되었다. 이름난 유적들은 이런 아이러니 속에 탄생한다.

수조를 따라 다가가면 섬세하고 기하학적인 코란 글자와 꽃무늬로 장식된 벽면이 나타난다. 내부도 대리석과 천연석으로 만들어진 문양이 한 면도 빠짐 없이 정교하게 박혀 있다. 이 건물을 위해 세계 각지 최고 장인들을 초빙하고 장식할 보석을 세계 곳곳에서 수집하여 세운 흔적이 역력하다. 둥근 지붕에 다가갈수록 눈부신 아이보리 색깔의 대리석은 내 몸을 흡입하듯 황홀경으로 이끈다. 퇴장 시간까지 어둠 속으로 사라져 가는 타지마할을 물빛의 실루엣과 함께 넋 놓고 바라본다.

왜 이토록 아름다운 건축물에 불을 밝히지 않는지 이제야 알겠다.

휘영청 보름달 아래 빛날 이 신비로운 보석을 상상해 보라!

달빛 아래 백자처럼 얼마나 환상적일까?

이 사람들 자연의 극치와 만나는 정점을 알고 있는 거다. 인공의 빛이 타지마할의 미를 얼마나 해칠지 지혜로운 이들은 벌써 간파한 것이다. 달빛을 상상하며 어둠 속을 거닌다.

많은 사람들이 빠져나간 한적한 수로를 따라 동문으로 향한다. 시간을 거슬러 뿌연 안개 속 긴 회랑을 따라 몽유병 환자처럼 발걸음을 뗀다. 밤을 도와 다가오는 발자국 소리가 들리는 것 같고 존재의 심연으로 사라지는 발자국 소리가 들리는 듯하다. 조금이라도 타지마할을 더 보고 싶어 마지막 관람자가 빠져나갈 때까지 이곳에 머물렀다.

이튿날 새벽 호텔 옥상에서 타지마할을 볼 수 있다고 해서 올라갔다. 원숭이 녀석들이 요란을 떨고 독수리들이 날갯짓을 하며 새벽을 연다. 그러나 매연과 안개가 함께한 아그라의 공기는 새벽 타지마할 자태를 허락하지 않았다.

아잔타와 엘로라

거대한 작품들을 얼른 보고 싶은 마음에 새벽부터 준비하여 개장도 하기 전에 아잔타에 도착했다.

실크로드 여행을 통해 수없이 접한 불교 미술인지라 비슷하리라 상상했는데 아잔타 석굴의 충격은 메가톤급이다. 입구에서부터 서 있는 반얀트리는 밑 둥치가 학교 교실만 하고 늘어진 가지들은 운동장 크기다. 편자 모양의 거대한 계곡의 절벽 중턱에 여러 개의 석굴이 뚫려 있다. 석굴마다 정교하게 조각된 불상들로 가득하다. 인도 최대 석굴인 이곳은 700년 걸려 조성했다고 하니 대국의 시간 앞에 저절로 머리가 숙여진다. 시원한 아침 시간이라 사람도 없고 덥지도 않아 여유롭게 작품들을 감상할 수 있어 행복하다.

사원은 신앙심이 두터웠던 왕족들이 재물을 희사해 짓기 시작했다고 한다. 계곡 전체가 거대한 한 덩이의 돌로 이루어진 이곳을 어떤 심미안을 가진 현자가 만들었기에 이토록 불가사의한가! 1500년 전 뜨거운 믿음을 돌에 새기려는 석공, 화가, 수도승들의 모습이 선연히 떠오른다.

다리를 건너 제9굴부터 시작해 왼편을 차례로 돌고 다시 오른편으로 돈다. 하이라이트인 제1굴까지 찬찬히 감상하며 가슴 벅찬 시간들을 보낸다.

도대체 이들 건축가의 머릿속은 얼마나 정밀하고 창의적인 생각으로 가득하여 이토록 다양한 형태의 완벽한 공간들을 돌덩이에서 파 들어가 완성했단 말인가! 석공들의 무한한 공력과 인내로 만들어진 아잔타 석굴이 놀랍기만 하다. 이 석굴에다 부처님의 세계와 신의 세계를 이토록 치밀하게 이루어 놓은 선각자들의 예술 앞에 고개가 절로 숙여진다.

석굴 안에는 조각뿐 아니라 벽화도 가득하다. 그 넓은 벽의 표면을 끌로 깎고 점토와 소 똥과 왕겨를 섞은 것을 바르고 그 위에 회 반죽을 발라 면을 완성한 다음 다시 그 위에 그림을 그린다. 아잔타는 불교 미술의 원류답게 불상의 깊이와 스케일, 모든 면이 인류의 보물임을 격찬하고 싶다.

바오로 사도의 길을 따라 그리스를 여행할 때 보았던 비잔틴 미술이 떠오른다. 깊은 영혼의 작품들이 오버랩된다. 우리들은 어느 쪽이 더 뛰어나다고 단정하는 우를 범할 수 없다. 다양함을 존중하고 서로 다름을 즐길 수 있을 때 예술의 진정한 아름다움을 바라볼 수 있다.

인도 문화의 거대한 힘을 보면서 우리 것이 세계 제일이라는 좁은 생각들이 어리석게 느껴진다. 홀린 듯 각 굴을 돈다. 그 시대의 승려들의 공간과 시간에 머물러 본다. 기억 속에 가장 강렬하게 남아 있는 제1굴의 연화수 보살 그림. 연꽃을 든 보살의 모습은 세상을 정화시키는 듯한 자태와 눈빛이다. 신들린 인간의 솜씨가 역사를 만들어 내고 있다.

그리고 6굴의 2층 비하라 굴. 앞에서 지키고 있는 안내인이 들어갈 수 없도록 처져 있는 보호대 안으로 들어와서 보라고 특별히 배려한다. 스님과 함께하는 여행의 특혜이다. 유난히 살빛이 살아 있는 불상의 자애롭고 완벽한 아름다움에 넋을 잃는다. 잘 보존되어 있는 불상의 미소는 세상 사람들을 위로하고 한없이 깊은 눈으로 자비를 보낸다.

제26굴.

장대한 사원에 누워 계신 열반상 부처님. 미소와 크기 그 모든 것에 압도 당한다. 갑자기 들이닥친 한국 단체 손님들. 스님과 함께한 신도들이 합창으로 예불송을 올린다. 부처님께서 더 웃으시는 것 같다. 실크로드에서 만난 작품들은 흙으로 만들었지만 이 아잔타나 엘로라는 석굴이라는 사실이 더 놀랍다. 아마도 인도 예술의 백미는 아잔타와 엘로라에 집약되어 있지 않을까? 감상하느라 에너지를 쏟고 나니 몸은 탈진했으나 마음은 한없이 풍요롭다. 부처님 역사에 해박하신 스님 덕분에 깊이 있는 감상을 하고 나니 키가 한 뼘 커진 것 같다.

호텔에 한국 손님이 오면 자기들끼리 정보망이 있는 듯 유창한 한국말로 다가온 친구 슈슈. 56번 가게를 경영한다고 해서 갔다. 조그만 가게 안 물건들이 수북이 쌓여 있다. 부와 귀를 상징하는 큼직한 코끼리 상이 마음에 들었다. 흰 돌에 정교하게 조각한 것이다. 몸통 안에 새끼 코끼리가 조각되어 있고 텅 빈 공간이 시원하고 특이하다. 새 식구가 된 사위에게 마음이 담긴 선물을 하고 싶었다. 물건을 산 건 좋았는데 부치는 일이 화근이었다. 예전에도 여러 번 경험이 있다고 너스레를 떨기에 철석같이 믿은 것이 문제였다. 부치는 과정도 놀랄 만큼 복잡했고 결국 부서진 채 한국에 도착했다.

엘로라로 가는 길. 친구의 친구가 운전을 하고, 친구의 친구 집에서 자고, 친구의 친구 식당에서 먹는다. 가게도 모두 친구와 얽혀 있다. 유일하게 한국말도 잘하고 세 아이의 아빠인 29세의 인도인 슈슈. 한국 사람의 정서도 잘 알고 아리랑을 부르며 다가온 인도인. 친구 따라 인도 가기 프로에 소개된 잡지도 붙어 있고 일본, 중국, 아일랜드, 한국에 친구가 많다고 큰소리친다. 2% 부족한 듯한 이 인간, 자칭 원빈이라 부르며 익살을 떤다.

하여튼 엘로라에 도착했다. 아잔타에서 엘로라로 가는 길목. 거대한 반얀트리가 터널을 이루는 이 길은 인도의 역사만큼이나 깊은 인상의 가로수 길이다. 이렇게 굵은 나무로 만들어진 가로수 길은 처음 본다. 충격적이다. 친구의 친구 집. 작은 키의 주인처럼 조그마한 게스트 하우스다. 진짜 베지테리언이라는 주인. 계란조차 먹지 않아 삐쩍 마른 체구에 눈만 반짝인다. 벽마다 양쪽 손바닥이 도장처럼 빨갛게 찍혀 있다. 궁금해서 주인 아저씨에게 묻는다. 샤티에 얽힌 얘기라며 자세히 설명한다.

샤티는 수많은 아내를 가진 사바 신의 첫 부인이다. 그녀는 아버지가 남편을 퉁명스럽게 대한 것에 항의하여 분신 자살을 했다. 그래서 '샤티'는 죽은 남편을 화장하는 불길에다 몸을 던지는 힌두 여성과 관습을 지칭하는 단어가 되었다. 무슬림이 인도를 통치할 당시 전쟁터에서 사랑한 남편을 뒤따르는 힌두 아내들의 집단적인 샤티도 성행했다고 한다. 샤티를 하기 전 여성이 벽에 빨갛게 찍은 손자국이 아직도 선명하게 남아 있다고 한다. 인도 여

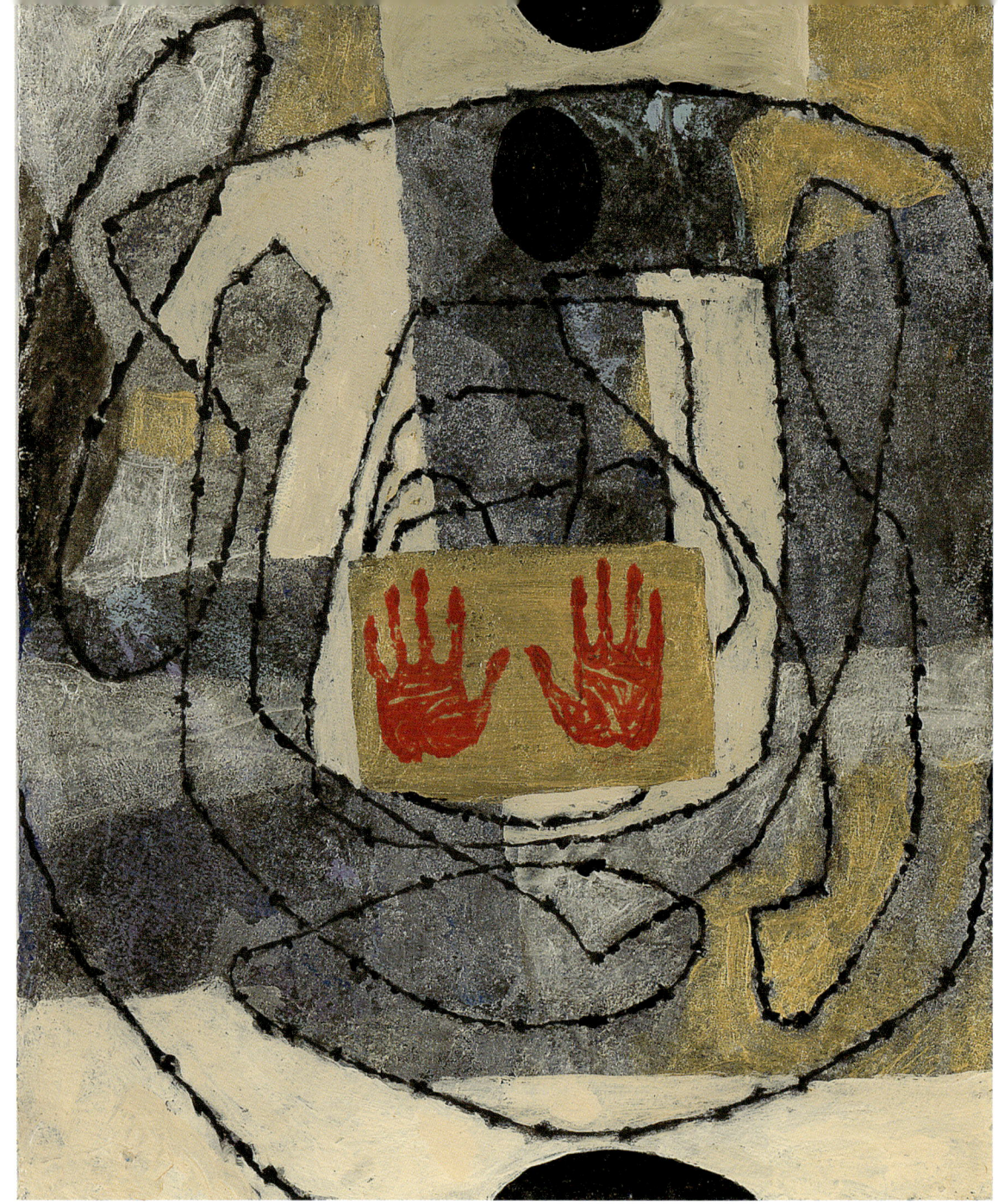

성에게 행해지는 억압의 사슬이 느껴진다. 샤티에 얽힌 많은 이야기들은 세상에 만연한 여성에 대한 차별과 아픔으로 다가와 몸서리 쳐진다.

이 주인 아저씨, 낮에는 골동품 가게를 열고 자신이 글도 쓰면서 나름 의식을 갖고 반짝이며 살아간다. 어쨌든 지금까지 본 숙소 가운데 객실도 화장실도 가장 깨끗한 집이다.

아침 일찍 릭샤를 타고 엘로라로 갔다. 엘로라 석굴은 34개 석굴 가운데 불교 석굴이 12개, 힌두교 석굴이 17개, 자이나교 석굴이 5개다. 바위를 뚫어 축조한 석굴의 길이가 자그마치 2km가 넘는다. 스케일로는 아잔타 석굴보다 더 거대하다. 릭샤로 움직여야 하는 크기다.

자이나교 사원부터 둘러보기 시작했다. 굴과 굴 사이로 날아드는 박쥐들이 오래된 유적이란 것을 실감나게 한다. 동굴 가운데서 노래를 불러 본다. 사람이 없는 석굴 위에 에코가 되어 스멀스멀 작은 불상들 위로 스며든다. 침묵이 주위를 지배하고 동굴 속 어둠을 뚫고 선연히 드러나는 불상에서 소리가 다시 들려 온다.

제32굴 문을 넘으면 마당에 가득 들어서 있는 사면당이 있다. 자이나교 특유의 섬세한 조각들이 장식되어 있는 기둥과 불상들이 무척 따뜻하다. 다시 릭샤를 타고 힌두 사원으로 향했다. 어느새 많은 사람들이 모여 있다.

엘로라 석굴에서 하이라이트인 제16굴. 마하라쉬트라 사원은 거대한 암벽을 위에서부터 하늘이 보이게 뚫었다. 입구 양쪽으로 거대한 코끼리 상이 있다. 세계 최대 규모 석조 사원과 전전과 본전과 탑들은 상상을 초월하는 스케일이다. 거대한 바위덩이들을 안쪽으로 깊숙이 파서 만들어 놓은 삼면의 긴 회랑. 이것이 만들어 내는 스펙터클한 바위의 중량감에 관람자들은 압도 당한다.

1500년 전 석공들이 바위 표면을 끌로 깎기 시작하여 수백 년이 넘는 동안 수많은 세대를 거쳐 가며 바위 깎는 소리가 데칸 고원에 울려 퍼졌다고 한다. 약 20만 톤의 돌들이 깎여 나갔다고 하니 상상을 해 보시라!

엄청나지 않은가! 사물을 만들 때 중심에서 덧붙여 가며 만드는 것보다 한 덩이에서 파면서 만드는 것이 더 치밀하고 계획적이어야 한다. 이 어마어마한 바위산을 정확하게 구획하여 신의 솜씨로 만들어낸 구조물들을 바라보며 어찌 경탄하지 않을 수 있단 말인가. 인간의 천재성이 빚어낸 기적이다.

불교 석굴로 가려 할 때 스리랑카 스님과 푸른 눈의 스님께서 얘기를 나누시며 천천히 다가오시는 모습이 이곳의 분위기와 어울려 한 폭의 그림 같다. 합장하며 인사를 드린다. 석굴로 들어가시기에 우리도 따라 들어선다. 높은 천장에서 아치형의 난간들이 길게 반복적으로 드리워 있고 선정에 드신 부처님의 미소는 석굴 안을 환히 밝힌다. 바깥의 더위를 몰아내는 석굴의 시원함과 부처님의 미소가 합하여 이곳은 더없이 청아하다. 세 분의 스님이 정답게 인사를 나누고 벽안의 스님과 주황색 승복을 입은 노스님의 기도하시는 모습이 석굴의 분위기와 기막히게 어울린다. 우리도 함께 고요 속으로 스며든다.

함삐

호스핏으로 가는 야간 열차를 탔다. 12시간을 달려온 호스핏 주변 풍경이 이채롭다. 사탕수수밭과 바나나 나무가 끝없이 숲을 이루는 이색적인 풍경을 빠져나가는데 기묘한 바위덩이들이 불쑥불쑥 등장한다. 그리스 메테오라 주변에서 느끼던 흥분처럼 묘한 기운이 꿈틀댄다. 호스핏에서 릭샤로 30분 달려 함삐에 도착했다.

조그맣고 예쁜 꽃들로 덮인 란자나 게스트 하우스에 든다. 새벽에 도착하는 손님에게 익숙한 주인은 옥상에다 아침 식사를 차려 준다. 난간으로 다가오는 원숭이들은 사람과 섞여 살고 있다. 우리들이 개를 키우듯 원숭이들이 사람들과 섞여 자유롭게 거리를 오가는 풍경이 낯설다. 야자수 사이로 보이는 바위산은 큰 바위덩이들이 흘러내릴 듯 포개져 있다.

힌두교 왕조인 비자야나가르 왕국은 바위투성이의 이 황야에 환상의 수도 함삐를 건설했고 이슬람에 의해 파괴된 후 지금은 폐허의 아름다움을 선물하고 있다. 함삐는 넓은 면적에 유적이 산재하고 큰 바위덩이들과 기묘하게 조화를 이루어 세상에 존재할 수 없는 풍경으로 극찬을 듣는다.

유치 찬란한 색들의 방과 알록달록한 침대 시트, 곳곳에 놓여 있는 힌두 신의 사진들, 정말 인도답다. 침대 위에 몸을 뉘면 사람조차도 무늬처럼 느껴질 정도이다.

누워서 창밖을 보니 비루파크샤 사원이 눈앞에 있다. 먼저 그곳으로 갔다. 힌두 사원을 갈 때마다 드는 생각이 석상에 흰 칠, 붉은 칠을 하는 것이나 기름에 절인 바닥이나 예배 올리는 사람들의 행동 등 무속적인 느낌을 떨칠 수 없다. 힌두교에 문외한인 채 인도에 온 나 자신이 부끄러워 인도 박사인 이옥순 교수의 책에서 상식적인 공부를 해 본다.

힌두교는 창시자가 없다. 존재하는 사람의 수만큼 신이 존재하고 그 수만큼 다양한 믿음을 인정하는 융통성이 힌두교의 진리다. 수억이라는 힌두 신 중에서 3대 신은 창조신 브라흐마, 보존의 신 비슈누, 파괴의 신 시바이다.

인간의 타고난 능력 차이를 믿는 인도인은 여러 형태로 신을 숭배한다. 각자의 다르마(의무)를 불평 없이 따르는 사람들. 환생의 끝없는 순환을 믿는 인도인들은 사회적 불평등을 마치 자연 현상처럼 당연한 것으로 받아들인다.

힌두교는 불평등을 정당화하면서도 해탈의 길은 브라만에게도 불가촉민에게도 열려 있다는 평등한 세계관을 가지고 있다. 구원이나 해탈도 스스로 이룬다고 생각한다. 신분의 불평등과 극심한 빈부 격차, 자연의 무쌍한 변화로 인해 무력해진 인간에게 초자연적인 신에 대한 믿음까지 없다면 어떻게 거친 삶의 바다에서 살아남겠는가!

수많은 신이 내 편이고 보이는 것 모두에서 위안을 찾는 인도인의 느린 삶이 넓은 땅을 지배하고 있다. 인도의 시간은 다른 대륙에서의 시간과 전혀 다르다. 한 생애는 끝없는 윤회의 관점에서 보면 하루살이와 같지만 그걸 초조해 하는 인도인은 없다. 그런 시각에서 힌두교와 인도인의 정서를 이해해야 한다.

사원 앞에는 아이들에게 바나나를 달라고 장난을 거는 원숭이부터 작은 북을 치는 사람, 길게 땋은 머리에 주황색 옷을 두른 사두들, 어디서나 사람들로 넘쳐난다.

높이 50m나 되는 흰색 탑문을 지나는데 우리 주먹 크기만한 작은 새끼 원숭이들이 엄마 궁둥이를 치고 있는 모습이 보인다. 믿기지 않을 정도로 조그맣다. 제 집처럼 여기저기서 뛰어다니는 원숭이들이 조금은 무섭다. 시바신을 모시는 사원 쪽으로 걸어가는데 커다란 코끼리가 조련사의 손에 끌려 사원 모퉁이로 사라진다.

색다른 풍경 속을 지나쳐 가는 몽환적 분위기이다. 화려한 조각들로 어느 구석에나 신앙적인 이야기로 가득 채워진 힌두의 낯선 세계를 이해해 보려 하나 아직은 멀기만 하다.

한나절이 지나 혼자서 반대편으로 향한다. 자전거 대여소를 지나고 강한 햇살을 피해 긴 회랑을 따라 거닌다. 난데 없는 큰 돌무더기와 억센 생명력이 느껴지는, 선인장도 아니고 풀도 아닌 풀나무가 만들어 내는 묘한 풍경들은 언어가 사라져 버린 고요를 드러낸다. 사람 그림자조차 없는 외로운 언덕에서 신비함과 두려움과 호기심에 가득 찬 발걸음은 둥둥 떠 있다.

낯설고 신기한 길을 20분 정도 걸었을까?

아! 세월의 누더기를 덕지덕지 입어 곰삭은 아추타라야 사원이 비밀의 정원 속에서 모습을 드러낸다. 흥분된 마음을 누르고 아무도 범접하지 않는

이 낯설고도 신비로운 공간에 삐죽이 고개를 내민다. 아래는 돌로 석상을 조각하고 위는 더욱 정교하게 표현하고자 했을까? 흙으로 만든 상들이 무너져 내려 폐허의 아름다움을 빚어내고 있다. 돌의 언어가 인간의 언어를 밀어낸 듯하다. 무수한 세월의 때가 녹아 인공으로 이루어진 또 하나의 자연이다.

혼자서 누리는 적막.

하느님께서는 우리들에게 시시각각 다른 모습으로 나타나신다. 무릎 위 아이의 천진한 눈에서, 찬란한 아침 햇살에서, 투명한 구름이 되기도 하고 지금은 폐허의 신전 아래 고요 속에 숨어 계실까?

갑자기 나타나는 다람쥐와 새, 작은 도마뱀의 출현이 현실의 공간임을 알려 주고 간다. 고요가 마음속으로 스며들어 작은 소리에도 귀 기울이게 한다. 폐허의 신전, 모퉁이에 핀 작은 꽃들. 스스로 피었다 사라지는 이 무심한 것에조차 마음이 스며든다. 이 작은 들꽃은 얼마나 긴 세월 피고 지고를 반복하였을까? 작은 것에 숨어 있는 영겁의 시간이 다가온다. 가장 낮은 곳에서 가장 초월적인 것이 하나가 된다. 지금 이 순간이 행복하다고 느끼는데 필요한 것이라고는 소박한 마음뿐이다. 돌아서는 발길이 못내 아쉽다.

강을 따라 비탈라 사원으로 향한다. 황량한 풍경 속 큰 바위더미 사이사이에 동굴이 있다. 새까만 돌들이 이채로운 강변 풍경을 만들어낸다. 납작한 밥그릇처럼 생긴 독특한 배가 맞은편 기슭 마을로 사람을 실어 나른다. 길마다 커다란 고목과 바나나 나무들이 특유의 운치를 자아낸다. 느닷없이 일주

문처럼 생긴 탑문이 넙적한 바위 위로 솟아 있다.

인적 없는 기묘한 풍광 위를 말없이 걷는다. 저 멀리 산등성 너머로 비밀스러운 사원의 모퉁이가 언뜻언뜻 보인다. 드디어 비탈라 사원이다. 정밀한 조각들이 유적마다 빼곡히 박혀 있다. 기둥이나 천장의 조각은 함삐의 사원 중에서도 가장 훌륭하다고 한다. 가끔 남녀 교합상도 보인다. 뮤직스톤이라는 56개의 돌기둥도 있다. 연회가 열릴 때 그 돌기둥을 손바닥과 손가락을 이용해 연주했다고 한다. 그때의 영화가 허무의 시간 속에 잠긴다. 지금은 언제 내려앉을지 모르게 아슬아슬하다.

세계 문화 유산으로 등록되어 있다지만 관리가 허술해 보여 안타깝다. 뜰 가운데 바퀴가 달려 있는 수레 모양의 작은 사원이 그곳에서 가장 인기가 높다. 운명의 바퀴가 세상을 움직이는 것처럼 느껴지는지 사람들은 모두 한 번씩 수레 바퀴를 민다.

인도의 국기에도 하얀색 윤회의 바퀴가 그려져 있다. 사람들과 함께하는 신전은 열기와 서늘함이 공존한다. 이곳은 끝없이 반복되는 삶의 윤회를 상징하는 것들로 가득하다. 돌아오는 길, 해가 지면 산중은 불빛 하나 없을 것이므로 발걸음을 재촉하며 내려온다.

어디선가 염소 떼가 하나, 둘씩 몰려오더니 삽시간에 수백 마리가 나를 둘러싼다. 염소 떼와 함께 산에서 내려온다. 염소의 뒷모습은 하이힐을 신은 듯하다. 그러잖아도 석양의 아름다움에 취해 정신이 없는데 염소들의 출현으로 어리둥절하다.

어느 순간, 나도 염소가 된다. 왜 빨리 가지 않느냐고 떠밀기도 하고 밀고 당기며 함께하는 이 묘한 기분이란! 좁다란 동굴을 지나고 돌더미 사이를 넓혔다 좁혔다 하며 무리 속 일행이 되어 걷는다. 나도 뾰족 구두를 신고 낄낄거리며 "야! 밀지마! 같이 가!"를 외친다. 친구가 되어 나란히 걸어가던 녀석이 뒤도 돌아보지 않고 무리 속으로 궁둥이를 실룩거리며 가 버린다.

왜 서운하지?

하! 하! 하! 좁은 길을 가득 메운 염소들 속에 혼자인 내가 이 낯선 장소에서 밀려난다. 왜 너만 키가 크냐고 이상하게도 생겼다고 보내는 눈길들이 오히려 나를 이상하게 만든다. 우리도 동물들 사이에 홀로 남겨진다면 어쩌면 그들화될 수밖에 없지 않나? 삼십 분 동안 동행한 이 귀한 체험은 주어진 환경에 따라 인간도 별 수 없다는 것을 가르쳐 준다.

함께가 선물해 준 귀한 경험을 간직하며 저녁 식사를 하러 게스트하우스 이층으로 갔다. 점점 어두워져 가는 바깥 풍경이 마음속에 박혀 인장처럼 새겨진다. 불쑥 솟아오른 거대한 돌덩이의 검은 선과 반대편 폐허의 작은 신전이 만들어낸 회색 선. 그 위로는 흑청빛 하늘에 가는 실눈의 초승달이 떠 있다. 밤하늘 허공에 박힌 별들과 함께. 선이 단순한 그림이지만 엄청난 것을 품고 있는 걸작이 된다. 이것 저것에 흠뻑 취한 하루다. 내일도 보아야 하는 많은 유적들을 기대하며 알록달록한 잠자리에 든다.

오늘은 릭샤를 전세 내어 남쪽을 크게 한 바퀴 돌기로 한다. 크리슈나

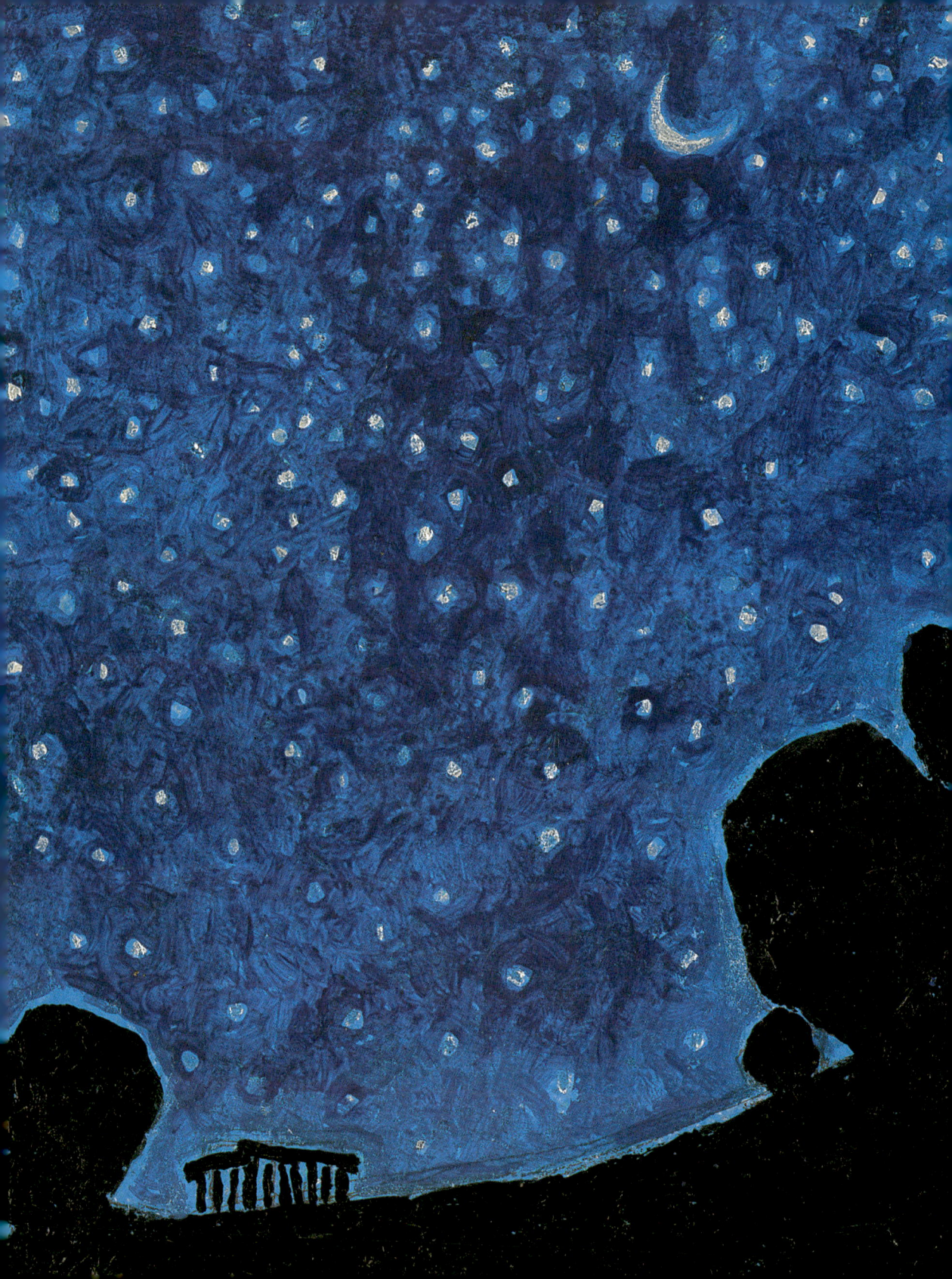

사원을 지나 인간사자 나라심하상 쪽으로 가려 하는데 '원숭이에게 옷을 입혔나?' 의심하며 자세히 보니 사람이다. 여자인데 얼마나 작은지 그래도 얼굴은 제법 나이가 들어 보인다. 아마 날 때부터 다리를 펴지 못한 듯 쪼그라진 기형이다. 충격적인 모습에 소름이 돋는다. 이 인도에서 기묘한 기형들을 숱하게 보았지만 도무지 사람으로 보이지 않는 인간을 보니 충격으로 발이 얼어붙는다.

곁에서 돈을 받는 할머니는 아무 감정도 없는 손길로 물건 다루듯 아이를 마구 다루며 닥터의 딸인데 자기가 거둔다면서 순 악질 여사 역을 훌륭히 수행한다. 건네는 돈에만 눈이 멀어 자리를 뜨자 말자 돈 챙기기에 바쁘다. 한참 동안 충격은 가시지 않고 저 아이의 운명이 어찌 저리 모질까 하는 생각이 머릿속에서 떠나질 않는다. 제때 밥이라도 먹어야 할 텐데 몹시 기분이 언짢다.

조금 지나니 거대한 시바 링감이 있다. 수많은 힌두교 사원 중앙에는 어느 곳에서나 시바 링감이 소중히 모셔져 있다. 코브라를 목에 두른 채 명상하는 자세의 금욕주의자 시바는 하늘을 향한 남성의 성기 형태인 링감으로 숭배된다. 링감은 시바의 지칠 줄 모르는 성적 능력, 즉 다산을 상징한다.

그런데 한 할아버지가 물속에 몸을 반 담그고 링감을 어루만지며 꽃잎과 함께 물을 계속 끼얹는다. 무엇을 뜻하는지 제 정신이 아닌 듯하다.

힌두의 탄트라를 이해할 수 없었던 나의 좁은 식견을 다시 생각해 본다. 영원을 갈구하는 성인들의 깊은 시선은 절대 침묵의 영묘함에 머물 것이다.

이기적인 만족과 상대에게 주는 한없는 배려의 차이는 동물과 신의 경계를 오간다.

내 의식의 확장이 필요하다. 바나나 농장과 사탕수수밭이 끝없이 펼쳐지는 이국적인 풍치도 정상적이지 못한 사람들로 말미암아 우울하게 만든다.

또다시 릭샤를 타고 넓은 벌판을 지나 하자라 라마 사원으로 간다. 전사와 코끼리 행진의 부조가 훌륭하다. 힌두와 이슬람 건축 양식을 믹스한 로터스 마할. 살구빛으로 빛나는 아치형의 아름다운 정자다. 우리나라 경복궁의 경회루일까? 귀빈이 오면 접대했던 정자인데, 복잡한 조각이 생략되고 아치형의 부드러운 형태와 따뜻한 색감이 매력적이고 마치 한 송이 연꽃이 피어나는 것 같다. 지금까지 보아온 정자 중 가장 아름답다. 함삐! 이름 자체가 인도 이미지가 물씬 풍기는 도시 함삐! 폐허의 아름다움이 산적해 있는 함삐는 인도의 중간 지점에 있어 여행 일정에서 빠뜨릴 경우가 많다고 한다. 그러나 존재할 수 없는 세상 밖 풍경을 원한다면 강력히 추천하고픈 유적지다.

거대한 땅의 체념

노숙자들이 가득 널브러져 있는 어두컴컴한 밤의 호스핏 역.
한편의 판토마임이 펼쳐진다.
간혹 여행객이 있고 거의가 노숙자다.
외국인이라고는 찾아볼 수 없는 이 역에서 사람들의 눈길을 피해 가장

구석에 그림자처럼 앉는다.

우리의 존재감이 사라질 즈음

늙은 노숙자 할머니가 출현한다.

자리를 잡더니 살림 전체인 것 같은 가방에서 덜덜 떠는 손으로 약을 꺼낸다. 심하게 기침을 한다. 뻥 둘러 앉은 사람들이 무표정한 얼굴로 할머니를 바라본다. 약을 먹으려 하나 물이 없다. 그러나 계속 손을 떨고 있다.

보고 있던 젊은 노숙자가 수도 꼭지에서 물을 받아 건넨다. 고맙다는 표시도 없다. 할머니는 약을 겨우 삼키더니 사리 같은 덮개를 꺼내 뒤집어 쓰고 그대로 맨땅에 고꾸라진다. 오늘 밤이 그 할머니에게 마지막 밤이 될 수도 있다. 맨땅에 누운 채 계속 덜덜 떨고 있는 그녀의 극이 끝난다.

막간을 이용해 뼈가 드러난 개가 등장한다. 세 다리로 어두운 홀 사이를 절뚝거리며 나타났다 사라진다.

또다시 한 할아버지의 출현. 뿌연 먼지를 온통 뒤집어쓴 바짝 마른 몸으로 커다란 가방을 메고 할머니 곁에 자리를 잡는다. 역시 덜덜 떠는 손으로 가방을 연다. 차곡차곡 옷을 꺼낸다. 모두들 말없이 무표정한 눈길로 할아버지를 주시한다. 한 벌, 두 벌, 세 벌 옷을 꺼낸다.

오늘 흰 와이셔츠를 주우셨는지 이리 펴고 저리 펴고 접고 애지중지한다. 말없이 가방에 차곡차곡 옷들을 다시 넣는다. 가방을 베개 삼아 지팡이를 껴안고 누웠다가 그 잘난 짐을 누가 가져갈까 싶어 당기고 눕고. 여간 느리고도 긴 퍼포먼스가 아니다.

그 오랜 시간이 지나는 동안 미동 없이 바라보는 관객들. 어떤 것도 녹여 버리는 용광로 속 인도가 보인다. 그 무표정한 사람들에게서 보이지도 않고 감지할 수도 없는 인도의 거대한 땅이 주는 체념이 밀려온다.

마두라이

미낙쉬는 풍요를 상징하는 물고기 눈을 가진 여신이라는 뜻이다. 마두라이는 미낙쉬 사원을 빼고는 얘기할 수 없다. 미낙쉬 사원의 문은 동서남북으로 뚫려 있고 그 벽을 따라 도로가 밖으로 뻗어 있다. 도시 어느 곳에서나 사원이 보인다. 입구에서 신발을 맡기고 몸 검사도 한다.

사다리 모양의 탑이 하늘을 찌를 듯이 높이 우뚝 솟아 있다. 그 탑에는 엄청난 수의 힌두 신과 동물들이 오색찬란한 색으로 장식되어 있다. 반복되는 리듬의 노래가 울려 퍼지는 광장을 지나면 소우주와도 같은 공간에 도착한다.

천 개의 기둥이 숲을 이루는 회랑 가운데 황금 연꽃 연못은 가물어서인지 바닥이 보인다. 평소에는 그 물에 목욕도 하고 빨래와 수영까지도 한단다. 본전으로 가는 긴 회랑 기둥의 조각이나 천장에 그려진 극채색화의 그림들은 화려하기 그지없다. 말과 용이 혼합된 환상의 동물 조각들, 힌두의 여러 신상들, 거대한 본전의 위용은 신을 찬양하는 음률과 섞여 장관이다.

순간마다 죽음은 삶처럼 죽으면서 다시 태어나고 있다. 수천 년 동안 울려 퍼진 그 노래는 끝없이 이어질 것이다.

　　전 인도에서 몰려온 힌두교 신자들로 신전은 가득하고 어디선가 북소리, 피리 소리와 함께 횃불을 든 남자들이 왁자지껄 오간다. 불의 혼이 점화된 듯 일렁이는 횃불은 힌두의 이해할 수 없는 엄청난 에너지와 만나 신전을 한껏 달군다. 신전으로 들어갈 때 남자들은 상의를 벗고 룽기만 입고 들어간다. 룽기는 남자용 옷이다.

　　인도 옷의 특징은 바느질을 하지 않는다는 점이다. 여성용 사리는 5~7m짜리 통으로 된 옷감이고 룽기는 1~2m짜리 천을 감아서 입는 것이다.

　　출렁이는 음악 소리와 횃불, 신들에게 올리는 꽃, 거대한 신상들, 오색찬란한 벽, 붉고 흰 가루의 향연, 순례자들의 열기와 기도. 이 모든 것이 혼재된 소우주는 강렬한 에너지를 뿜어낸다. 난디 홀의 황소상에는 흰 가루와 붉은 가루가 범벅이 되어 있다. 순례자들은 가루를 몸에 바르며 기도를 올린다. 그들만의 색깔로 만들어 낸 신앙이 우주적 에너지로 가득하다.

　　거대하여 쉽게 감지할 수도 알 수도 없고, 신비하고 혼란스러워 불가사의 한 낯선 세계가 인도다.

　　미낙쉬 사원의 하이라이트인 천주당(千柱幢)은 별도의 입장료를 내고 들어간다. 엄청난 스케일로 화려하게 장식된 985개 기둥이 사람을 빨아들이듯 늘어서 있다. 중앙에는 춤추는 시바 신의 동상이 관객을 맞이한다. 아무 생각도 할 수 없이 중앙의 신을 향해 마음이 쏠리게 만든 이곳. 천당으로 가는 길이 정말 이럴까?

인간을 왜소하게 만들어 신성을 더욱 부각시키는 묘한 구조다. 어느 힌두교 사원에서도 맛 볼 수 없는 살아 움직이는 이 에너지가 마두라이를 강렬하게 지배하고 있다.

민중의 지팡이 간디

간디 박물관으로 갔다. 공원 정문에 박물관이 있고 뜰에는 그가 공부할 때 사용한 오두막과 생전에 계시던 집과 무덤이 있다. 먼저 무덤으로 갔다. 실제의 유골이 묻힌 무덤은 이곳뿐이라고 하니 숙연해진다. 무덤은 그분의 정신에 걸맞게 심플하고 작고 깨끗하다. 세계적으로 추앙 받는 분의 묘소로 믿기지 않을 만큼…

뜨거운 햇살에 달구어진 돌 바닥에 맨발로 서서 절을 올린다. 인도인들이 간디를 얼마나 사랑하는지 인도의 돈에는 모두 간디의 모습이 있고 인도 어느 도시를 가든지 간디의 동상이 서 있다. 그리고 간디의 이름을 딴 거리나 빌딩을 어디서든 쉽게 만난다.

박물관 안은 국내외 관람객들로 가득하다. 전시관은 역사 속 간디의 발자취를 따라서 갈 수 있도록 잘 꾸며져 있다. 뭉클한 생전의 간디 모습이 빛바랜 사진 속에서 다시 되살아난다. 그분의 정신을 읽을 수 있는 요소들을 모아 편집한 사진이 감동적이다.

민중과 고락을 함께한 그의 발, 무소유로 진리를 추구한 그의 손, 물레

와 낡은 신발, 그분이 쓰시던 간소한 식기들, 입으시던 옷, 안경, 친필의 편지들, 가난하고 무지한 이 거대한 인도의 민중을 이끄신 분의 작은 육신, 민중을 향한 애절한 염원이 담겨 있는 맑고 깊은 눈이 뇌리에 깊이 박힌다.

간디의 비폭력 운동은 악을 악으로 갚지 않고 사랑으로 되돌려주는 깊고 부드러운 영혼 속에서 우러나온다.

아! 그분의 소금 행진. 영국의 소금 전매법에 저항하기 위해 스스로 바다에서 소금을 거둠으로써 전매법을 위반한다. 제자들을 데리고 도보 행진을 시작하는 반라의 마하트마 간디. 스스로 운집한 수천 명의 무저항 인도인들. 긴 지팡이를 짚고 대열의 선두에 서서 걸어가는 간디의 모습은 거룩함 그 자체다.

간디의 정신에 흠뻑 취해 코너를 도는 순간, 모던하고 큰 십자가가 한 벽면에 걸려 있다. 반쪽이 날아간 채. 온몸으로 사랑을 실천한 그분의 결정체가 이미지로 강렬하게 각인된다.

간디의 어록 중에서.

"1온스의 실행이 몇 톤의 설교보다 더 값지다."

"나는 미래를 예견하고 싶지 않다. 현재를 돌보기에도 여념이 없다. 다가오는 시간까지 지배할 능력을 신께서 주지 않았다. 어차피 마음대로 할 수 없는 미래를 걱정하느니 지금 순간에 집중하고 더 잘해 나가는 것이 현명하다."

"당신 자신이, 당신이 이 세상에서 보고자 하는 그 변화가 되어야 한다."

"약한 자는 남을 용서하지 못한다."

"용서는 강한 자의 속성이다. 눈에는 눈으로 식으로 하면 모든 세상을 멀게 하는 것으로 끝날 뿐이다."

"인류는 바다와 같다. 몇 방울이 더럽다고 해서 바다 전체가 더러워지는 것은 아니다."

깐야꾸마리

인도에서 유일하게 바다에서 태양이 뜨고 진다는 성지. 깐야꾸마리를 향해 250㎞를 버스로 6시간 동안 이동한다. 아라비아 해, 인도양, 벵골 해 3개의 바다가 만나는 인도 최남단을 보겠다는 일념으로 길을 간다. 남쪽으로 내려올수록 아열대의 풍경은 점점 밀림으로 변한다.

에어컨도 없고 마을마다 정차하는 완행 버스는 더위에 지쳐 털털거리며 달린다. 지금까지 보이지 않던 성당의 모습이 자주 나타난다. 평원이던 풍경이 어느새 산으로 바뀐다. 멋진 자태를 뽐내는 신비스러운 산에는 명약을 만들어 내는 약초가 많이 난다고 한다. 전기를 생산해 내는 풍력기도 많이 보인다. 지금까지와는 달리 삶의 풍요로움이 곳곳에서 느껴진다.

막막한 바다에 2개의 인상적인 바위가 깐야꾸마리의 상징처럼 떠 있다. 바위 하나는 힌두 종교 개혁자 비베카난다가 명상에 잠겼던 곳으로 그림처럼 예쁜 기념당이 있다. 또 다른 바위에는 시인 티루발루바의 거대한 상이 있다. 최남단 바다 위에 조화롭게 떠 있는 이 작은 섬들은 살아 있는 작품이다.

다음날 아침, 신과 인간이 공존하는 섬으로 달려간다. 토산품 가게가 즐비하게 늘어선 골목, 보트 승선장으로 향한다. 입구에 보이는 상상할 수 없는 긴 줄은 섬으로 가기 위해 보트를 기다리는 인파다. 더운 날씨에도 불구하고 그 긴 줄을 서면서 성지를 순례하는 그들, 줄에는 관심도 없고 성지를 찾는 기쁨과 정겨운 이들과 함께하는 즐거움으로 가득 찬 눈빛이 행복해 보인다. 이 낯선 모습에서 인도의 시간을 생각해 본다.

인도의 시간은 직선이 아니다. 환생의 끝은 다음 생의 시작이고 이승의 시작은 전생의 끝이다. 그들의 시간은 시작도 끝도 없는 뫼비우스의 띠다.

그런데 인도답게 급행료를 무는 줄이 따로 있었다. 급행료는 5배 150루피다. 배가 도착하자 급행료를 낸 사람부터 승선하고, 나머지 기다린 사람들을 싣고 비베카난다 바위로 데려다 준다. 섬에 도착하자 모두들 신발을 맡겨 놓는다. 비베카난다의 생애가 펼쳐져 있는 박물관을 본다. 그는 "비세속적인 인도는 인류에게 주는 특별한 선물이다."라는 말을 남겼다. 소박한 그의 묘를 구경하고 걸림이 없는 바다를 즐긴다.

내려오는 길 silence place라고 쓰인 곳이 보인다. 비베카난다가 명상하던 곳이다. 지하로 내려간 어두운 기도실에는 힌두교인들이 명상을 하고 있다. 컴컴한 정면에는 알 수 없는 힌두어가 주술처럼 써 있고 기계음 같은 "옴~~" 하는 소리가 여러 겹의 울림이 되어 반복적으로 신비롭게 퍼져 나온다.

지구의 맨 살처럼 느껴지는 인도 최남단 깐야꾸마리.

꼬친

꼬친은 천연의 강과 호수, 끝없는 야자수가 어우러져 풍광이 빼어난 항구 도시다. 늦은 시간에 도착한 숙소의 물은 온천수다. 아주 매끄럽고 수질이 좋아 피로가 확 가신다. 막바지를 향한 여행에 특별한 보너스로 주어진 선물이다.

이곳은 인도 항로를 발견한 바스코 다가마의 무덤, 성 프란치스코 교회, 네덜란드 총독이 살던 더치 팰리스, 유대교 회당 등 식민 시대의 역사를 고스란히 담고 있는 곳이 많다.

포트코친으로 간다. 세월의 비밀을 간직한 듯한 상상할 수 없는 크기의 거목들이 가로수가 되어 있는 거리, 역사의 깊이만큼이나 고색창연한 분위기가 여유롭다. 이곳에서만 볼 수 있는 중국식 어망이 커다란 조각물처럼 해변에 주욱 늘어서 있다. 그물을 바다 속에 가라앉혔다가 굵은 통나무로 끌어올리는 독특한 고기잡이라고 한다. 석양을 배경으로 로맨틱한 한 폭의 그림이다.

베니스의 미로처럼 골목골목 특색 있는 물건과 앤티크 가게를 살펴보는 재미도 쏠쏠하다. 거리의 벽면도 개성 넘치는 벽화들로 장식되어 있고 손재주 넘치는 아기자기한 무명씨들의 작품이 길 따라 거니는 사람들에게 즐거움을 선사한다.

저녁 무렵, 이곳의 전통 무용인 까따카리 댄스를 보러 간다. 외국인들

이 하나둘씩 호기심 가득 찬 눈빛으로 모여든다. 판토마임 형식이다. 화려한 의상과 과장된 화장이 호기심을 부른다. 먼저 화장하는 과정부터 보여 준다. 중국의 경극처럼 진한 화장이다. 춤은 얼굴 근육을 극렬하게 움직여 감정을 표현하고 약속된 수화처럼 손의 모양에 따라 스토리를 그려낸다. 그러나 몸동작이 너무 단순하고 별 내용이 없다. 기대한 것에 비해 실망스럽다.

숙소로 가는 보트는 가격도 싸고 여성 전용 라인도 있다. 물 위 도시의 야경을 즐기면서 막바지를 향해 가는 여행의 마무리를 한다. 힘들었던 기억은 저편으로 사라지고 얼마 남지 않은 시간들이 몹시도 귀하다.

코친은 무수한 강과 복잡한 삼각주로 되어 있다.

다음날 백워터크루즈(Back water Cruise) 여행을 했다. 남국 분위기가 가득한 야자수 밀림이 끝없이 이어지는 강변을 따라 시간이 정지된 듯 보트는 조용히 미끄러져 간다. 다른 곳에서는 볼 수 없는 특수한 환경의 삶을 살아가는 사람들의 미소가 평화롭다. 가이드의 설명을 통해 이 땅이 얼마나 많은 종류의 약초들을 인간에게 선물하고 있는지 듣고서 놀랐다. 특히 인도의 아유르베다(인도 전승 의학)의 발전은 이러한 다양한 약초들이 있기에 가능했다.

델타 지대의 수로를 따라 긴 장대 하나로 조종하는 작은 배를 탄다. 마치 베니스의 곤돌라 같은 좁고 기다란 배다. 수로는 폭은 좁으나 깊게 파서 인공으로 만들었다. 한 배에 4명씩 탄다.

이 정적인 공간이 끝없이 펼쳐진다. 우리는 환상의 물의 세계에 흡입된다. 앞쪽이 날렵한 배는 고요 속으로 밀림을 헤치고 깊숙이 다른 세상으로 우리를 밀어 넣는다.

마치 내세로 가는 창을 살며시 여는 것 같다.

이제껏 들어 보지 못한 명징한 새의 노래에 눈이 절로 감기고 미끄러지듯 소리 하나 없이 나아가는 이 흐름을 어떻게 표현할까?

무언가 생각하게 만드는 이 놀라운 뱃놀이는 영적인 요소로 넘친다.

하느님의 소리를 고요한 마음이 듣는다.

이따금 출현하는 동물들의 존재까지 이색적 향연의 또 다른 출연자들이 된다. 커다란 물소도, 귀여운 청둥오리도, 염소도, 다양한 예쁜 새들도, 다람쥐도, 닭도 모두 멋지다.

진정한 쉼은 이런 공간일까? 여행의 여독도, 긴장도, 삶의 욕망도, 경쟁도, 애착도 모두 수면 위로 녹아내린다면 좋겠다. 시간이 정지된 듯한 공간, 물이 만들어 준 특별한 은혜, 반짝이는 은가루의 축복이 감겨진 눈꺼풀 위로 내린다.

뭄바이에서 며칠을 보내고 귀국하는 비행기를 타기 위해 기다리는 공항. 눈을 감고 지나간 시간을 떠올린다. 인도에 도착한 첫 날, 바라나시에서 꾸었던 꿈!

인타라망!

번쩍하며 커진 거대한 눈!

이제 인도를 떠나야 하는 이 순간, 거역할 수 없는 인타라망의 눈이 무엇을 예시하려는 듯 가슴속으로 파고든다. 그 눈을 바라본다. 영혼의 본성을 찾아가는 내면의 길을 큰 눈이 뚫어지게 바라보고 있다.

인도라는 거칠고 거대한 땅을 장님 코끼리 만지는 격으로 둘러보았다. 매 순간 기도로, 마음으로, 행동으로 나를 깨우쳐 주시던 스님이 있지 않았다면 시작조차 할 수 없었던 귀한 시간이었다.

무사히 마친 여행 길.

지나고 보니 위험한 순간마다 하늘의 손길이 언제나 도우셨다. 한 달의 시간이 눈 한 번 깜빡이면 사라지는 거인의 시간 속으로 들어가 버린다. 많을수록 좋고 클수록 좋고 강할수록 좋다고 믿는 문화에 길들여진 욕망덩이의 인간들에게 비세속적인 인도는 인류에게 주는 특별한 선물임에 틀림이 없다.

뒤 정원 소나무 밑 커다란 십자가 아래에서 곰곰이 눈을 감고 한바탕 꿈같던 여행 길을 떠올린다. 갠지스 강의 불길, 보드가야의 보리수, 타지마할, 산치의 고요, 아잔타와 엘로라, 신비의 함삐, 미낙쉬, 실크로드의 교하고성, 히말라야, 장수 마을 훈자, 수만 개 칼이 꼽힌 만년설, 깐야꾸마리에서 거대한 타클라마칸 사막까지.

왜 이 넓고 깊은 곳으로 여행을 하게 되었을까?

말할 수 없는 감동으로 밀려오는 자연이 빚은 예술품들을 보여 주신 그분의 뜻은 무엇일까?

그 끝에 얻은 답은 무엇인가?

머리로만 알던 것들을 가슴으로 알게 되었다. 그리고 가슴에 두 장의 카드를 품게 되었다.

겸손과 자애.

넓디 넓고, 깊디 깊고, 수만 년을 지켜온 진리의 세계 앞에 나는 먼지 같은 존재다. 그러나 별처럼 무수히 많은 사람 속에 '나'라는 사람은 오직 하나!

숱하게 스쳐가는 인간들의 무리 속에 유일무이한 자신을 깨달을수록 오묘하게 만드신 하느님 사랑에 몸이 떨린다. 외로움과 고통에 짓눌릴 때는 자애라는 카드를, 눌러도 고개를 드는 오만 앞에서는 겸손의 카드를 꺼낼 것이다.

우리 모두는 창조주가 돌리는 커다란 시간의 바퀴 속에 있다. 이처럼 긴 여행도 깨달음도 진정 하느님의 선물임에 틀림이 없다.

우리는 어디서 왔나?

우리는 무엇인가?

우리는 어디로 가고 있나?

작은 나의 생각들을 하느님 곁으로 내려놓는다.